中医医院档案管理实践

主　编　佘　霞　李沙沙　陈立杰

学苑出版社

图书在版编目(CIP)数据

中医医院档案管理实践 / 佘霞，李沙沙，陈立杰主

编 . -- 北京 ：学苑出版社，2025. 3. -- ISBN 978-7

-5077-7185-5

Ⅰ. G275. 9

中国国家版本馆 CIP 数据核字第 2025RR3077 号

出　　版　　人	洪文雄
责 任 编 辑	黄小龙
出 版 发 行	学苑出版社
社　　　　　址	北京市丰台区南方庄 2 号院 1 号楼
邮 政 编 码	100079
网　　　　　址	www.book001.com
电 子 邮 箱	xueyuanpress@163.com
联 系 电 话	010 - 67601101(营销部)、010 - 67603091(总编室)
印　　刷　　厂	天津鸿景印刷有限公司
开　　　　　本	710 mm×1000 mm　1/16
印　　　　　张	10.75
字　　　　　数	178 千字
版　　　　　次	2025 年 3 月第 1 版
印　　　　　次	2025 年 3 月第 1 次印刷
定　　　　　价	78.00 元

编　委　会

前　　言

　　档案不是一开始就存在的,是人类在实践活动和思维活动中逐渐形成的原始记录。中医医院档案管理工作具有其自身的特点与特殊性,其对中医医院和医务工作者的发展有的巨大价值。中医医院的档案管理有利于提高医院的管理能力,有利于全面提升服务质量和水平,从而促进医院全面、可持续发展。将精细化的档案管理理念运用于中医医院的管理建设中,对加快医院建设的发展,必将起到有效的推动作用。档案管理是医院管理的重要组成部分,是管理者应必备的基本技能,为了凸显档案管理工作的精细化和重要性,我们编写了《中医医院档案管理实践》一书。

　　本书立足于中医医院档案管理的精细化管理,共分五章,分别从绪论、中医医院档案管理概述、中医医院档案信息化管理、中医医院档案电子化管理及中医医院档案检索管理方面,系统阐释了中医医院档案精细化管理的重要性和决定其稳步发展的关键要素。

　　本书作为对中医医院学科建设精细化管理的一个小分支的探讨,具有较强的创新性和重要的实用价值,为从事中医医院档案管理的相关人员提供了重要的理论参考和指导依据,对提高中医医院的档案管理水平、提升医院的管理模式、增强中医医院的特色优势提供了一定的理论贡献和实践意义,是一本值得推荐的好书,可作为中医医院档案管理相关人员学习的工具书及辅助参考资料。

本书在编写过程中得到了医院诸多同道的鼓励和支持，大家在繁忙的管理工作之余参与撰写，在此表示衷心的感谢。由于时间仓促，书中存在的不妥之处和纰漏，敬请广大读者批评指正。

编者

2024 年 6 月

中医医院档案管理实践

目　　录

中医医院档案管理实践

第一章 绪 论

第一节 档案的起源与历史沿革

　　档案不是一开始就有的，而是在人类社会发展到一定阶段后，因人类的生存和发展需要而产生的一种记录物。据目前的史料考察可知，依据文字产生和发展的"记号—象形—表意"的基本规律，档案的起源大体经历了三个基本阶段，即原始实物记号和绘画阶段、原始刻画符号（刻契、刻符）阶段、文字记录阶段。这三个阶段之间存在着过渡和交叉。档案作为人类社会活动的原始记录，为人类文明发展的各个阶段均提供了有力的证据，是人类文化连续体中的最重要因素。

一、原始实物记号和绘画阶段

　　在原始实物记号和绘画阶段，人类祖先采用的记事方法主要有结绳、绘画等。结绳是人类祖先发明的一种反映客观经济活动及其数量关系的记录方式。虽然目前尚未发现原始先民遗留下的结绳实物，但通过原始社会绘画遗存中的网纹图、陶器上的绳纹和陶制网坠等实物，可以得知当时的人类祖先已经掌握了结网技术，这是结绳记事的必要条件。根据民族学的相关资料和古文献的记载，结绳记事确为人类记录自身活动的一种方法。例如，古印加人用许多颜色的绳结编成的"奇普"来计数和佐助记忆。据我国的古文献记载，结绳记事曾是被原始先民使用的记录方式之一。战国时期的《周易·系辞下传》载："上古结绳而治，后世圣人易以书契，百官以治，万民以察。"汉郑玄的《周易注》载："古者无文字，结绳为约，事大，大结其绳；事小，小结其绳。"《九家易》载："古者无文字，其有约誓之事，事大，大其绳，事小，小其绳，结之多少，虽物众寡，各执以相考，亦足以相治也。"孔颖达《疏》曰："结绳者，郑康成注云，事大大结其绳，事小小结其绳，义或然也。"晋代葛洪《抱朴子·钧世》载："若舟车之代步涉，文墨之改结绳，诸后作而善于前事。"但这种原始记事方法已经失传，目前还没有人能够说明其全部含义。古印加人的结绳记事方法，也仅能让我们窥见这种记事方法之一斑。

世界上许多地方发现的原始绘画，是人类早期记录自身活动的另一种重要方式。在旧石器时代晚期的中国，人们的物质和精神生活日渐丰富，为原始绘画的产生和初步发展，提供了必要的条件。在1980年发现的旧石器时代晚期的"吉县柿子滩遗址"（现为山西吉县清水河畔）中，有两幅迄今为止发现的最早的岩画，以赭红色赤铁矿粉末涂绘——一幅为裸体女性图，一幅似狩猎格斗图（或舞蹈图）。这一发现，说明当时的人类已有了用图画形式反映生活的需求。分布在渭河流域、关中及丹江上游地区的老官台文化（距今7000～8000年），已有绘着简单纹样的彩陶（迄今为止发现的最早的彩陶）。老官台文化彩陶上的红色宽带纹用宽笔绘成，而几何图案和符号则用细笔绘成。人类祖先掌握了颜料、笔等绘画工具，使原始绘画的兴起具备了必要的物质条件。

二、原始刻画符号（刻契、刻符）阶段

原始刻画符号（刻契、刻符）阶段是远古档案的记录方式发展的第二个阶段。据考古发掘所获得的史料来分析，中国各地出土的远古陶器、甲骨、石饰上的刻画符号，是古代先人用来记录生产、生活的，也是后来文字的鼻祖。汉刘熙在《释名·释书契》中说："契，刻也，刻识其数也。"1963年夏，中国科学院古脊椎动物与古人类研究所的王择

义、尤玉柱等人，在山西省雁北地区（今朔州市朔城区）的峙峪村附近，发现了一处旧石器时代晚期遗址，地质时代属晚更新世，经^{14}C测定，距今 28 945±1370 年。在两万多件人工砸击过的碎骨片中，有数百件留有清晰的数目不等的直道。专家们根据兽骨片上的划痕推测：在文字发明以前，这很可能是人类最早使用的计数符号。1987 年，在河南贾湖遗址中出土的龟甲上的契刻符号，至少有 17 个（有专家认为有 21 个），经^{14}C测定，其年代距今 7762±128 年。多数专家认为那些符号是有意识刻画的，称其为中国最早的文字雏形。安徽省蚌埠双墩遗址发现的 630 多个符号，在中国刻画符号体系中具有非常重要的地位。这些符号多刻画在陶器底部，内容除日月、山川、动植物、房屋等以外，还有狩猎、捕鱼、网鸟、种植、养蚕、编织、饲养家畜等。可见，从8000 年前的贾湖刻符，到 7000 年前的双墩符号，再到 5000 年前的大汶口符号和 4000 年前的龙虬符号，淮河流域符号体系对甲骨文的形成，应产生过很大影响，在中国文字史、汉字起源史上有重要地位。

值得注意的是，1988 年什列·伍合尔基撰文认为彝文源于原始彩陶刻画符号，彝、汉两种文字有着共同的历史亲缘关系。即半坡、姜寨、柳湾等遗址出土陶器上的刻画符号，不但是彝文字的原始雏形，同时也是汉文字的原始雏形。在青海乐都柳湾遗址出土的 52 个彩绘符号中，专家初步辨认，有 24 个刻画符号，可用彝文字识读释解，占46％。经彝族古文字研究学者朱琚元考证，河南贾湖遗址中的甲骨、石饰刻符中，有与彝族传统文字形同或形似的文字。他用彝文与贾湖遗址中竖排契刻于石饰上的 4 个刻画符号进行了对比研究，释读出其完整的含义为"天雷门莫闭"；另外 3 个贾湖遗址甲骨刻符的具体意思为"禽""福禄""神座"。但从目前发现的刻画符号的数量来看，人类在这一时期并未形成系统记录语言的文字符号体系。这说明，在成熟的记事文字符号出现前，中国曾经历了一个较为漫长的从原始刻画符号记事到文字记事的过渡时期。

三、文字记录阶段

据目前史学界、考古界对文字起源的研究成果，作为一种书面交流方式，文字既是人类历史上最重要的发明，也是记录人类经验与文明的重要手段。目前发现的人类史上最古老的原创文字有：中国的甲骨文字（公元前 5000 年左右）、苏美尔楔形文字（公元前 3200 年左右）、古埃及圣书文字（公元前 3100 年左右）和玛雅圣体文字（公元 300 年左右）。美国学者丹尼丝·施曼特-贝瑟拉在《文字起源》一书中，认真分析了从伊朗、伊拉克、地中海东部和土耳其等地 116 个考古遗址出土的 8000 个陶筹。并对陶筹的功用、与楔形文字的关系等问题提出了自己的见解，明确指出楔形文字来源于计数的陶筹。汉字是独立起源的一种文字体系，不依赖于任何一种外族文字而存在，但它的起源经过了多元化、长期性的磨合。大体在进入夏纪年之际，我们的祖先在广泛吸收、运用早期符号记录经验的基础上，创造性地发明了用来记录语言的文字符号。

从考古发掘出土的文字资料来看，中国至少在虞夏时期已有了正式的文字。2007 年在山西省襄汾县陶寺遗址的 H3403 区域发现的已残破的扁壶上，有两个朱书的字符，这是目前我国发现的最早单字。据放射性碳素断代并经校正，陶寺遗址的年代在公元前 2500 年—公元前 1900 年。这一发现，将中国文字应用又向前推进了 1000 多年。殷墟的甲骨文已是一种十分成熟的文字，但文字发展是一个漫长的过程，中国文字的起源应远在殷墟甲骨文之前，这一点已被不断涌现的考古发掘资料证实，并得到国内外学术界的公认。至于具体的起源时间，目前尚有不同认识，几乎所有的专家都认为，良渚文化的多字陶文和龙山文化的丁公陶文已是文字，甚至是相当成熟的文字，只是对它们与古汉字的渊源关系等方面有些不同看法。郭沫若、于省吾、李孝定和李学勤等著名专家明确指出，距今约 6000 年的半坡陶文或距今约 4500 年的大汶口陶文即为中国文字的源头。总之，中国汉字的发展，前后经过了 6000 多年。

文献和考古成果证明，彝文是一种至少有 5000 年历史的古老文字（有学者认为彝文是夏王朝的官方文字），是至今仍存活的一种古文字。《尚书·多士》载："惟尔知，惟殷先人有册有典，殷革夏命。今尔又曰：'夏迪简在王庭，有服在百僚。'予一人惟听用德，肆予敢求于天邑商，予惟率肆矜尔。非予罪，时惟天命。"全国各地出土的远古陶器、甲骨、石饰上的刻符和甲骨文，多可用彝文释读，这说明彝文与汉字同源。1991 年，彝族作家李乔在《彝族文化》上发表的《一个千古难解的哑谜》认为，彝文的发展与汉字相似。它由简单到复杂，由不完整到完整，由不成熟到成熟，符合文字发展的规律。半坡出土文物属于仰韶文化，仰韶文化的遗址在渭河流域和黄河流域有过不少发现，其中出土的陶器上都有同半坡刻画符号相似的符号。

我国文字档案的历史源远流长，档案资源种类丰富。自从进入历史文明时期以来，竹简木牍、甲骨金石、缣帛卷帙、金册铁券，以至纸墨文案，其年代之久远、数量之庞大、内容之广泛、价值之珍贵，都是举世少有的。

1. 简牍档案　简牍档案是自尧、舜、禹时代至东晋时期的一种以竹木为载体的历史记录。据古文献记载和考古出土的简牍考证可知，在华夏文明古国早期书写文字的材料中，简牍优于甲骨、金石和缣帛，使用历史至少有 3000 年。《尚书·多士》载："惟殷先人有册有典。""殷先人"指先祖成汤；"有册有典"，孔颖达《疏》解为"有策书有典籍"。《吕氏春秋·先识览》载，夏末，"桀将亡，太史令终古执其图书而奔于商"。《汉书·艺文志》载："故书之所起远矣，至孔子纂焉，上断于尧，下于秦，凡百篇，而为之序，言其作意。"甲骨文已有"册"和"典"字。甲骨文中的"册"，象征着一捆用两道绳编连起来的简。"典"为上下结构，象征着把"册"摆放在"几"上。如此论之，简牍起源于尧、舜、禹时代是有根据的。简牍是对我国古代遗存下来的写有文字的竹简与木牍的概称。书于竹片的称"简策"，书于木版的称"版牍"。

从西汉至宋代，影响较大的简牍出土有两次：一次是"壁中书"的发现（汉景帝时鲁恭王在孔子旧宅发现《尚书》《礼记》《论语》等数十篇用战国时的文字书写的简册）；另一次是"汲冢书"的发现（汲郡人不准在晋武帝太康二年盗掘战国魏襄王墓时，发现有竹简数十车，有16 种古书，共 75 篇）。这些简牍除了极少量传世外，都已散佚。自 19世纪末至 20 世纪初，瑞典、英、日、俄等国，以"探险队"的名义在中国的古楼兰、敦煌、酒泉等地盗掘了许多汉晋时期的简牍。这些简牍目前散存在英国、印度、瑞典、俄罗斯等国。1930 年—1931 年，中国学术协会与瑞典组成的西北科学考察团，在今甘肃额济纳旗居延地区发掘出土了 1 万余枚汉代简牍，是居延汉简的第一次发现，实物现藏于中国台湾地区。新中国成立后，简牍档案共有 20 多次被发掘出土。例如，1975 年在湖北云梦睡虎地发掘出 1157 枚秦简；20 世纪 70 年代在额济纳河原居延汉简出土遗址发掘出 19000 余枚汉简；1983 年在湖北江陵张家山 3 座汉墓中发现了千余枚西汉早期木简；1993 年在甘肃敦煌悬泉遗址发掘出近 2 万枚汉简；1996 年 10 月在长沙走马楼发掘出 15 万枚三国吴简；1986 年在放马滩战国秦墓出土了 7 幅木板地图；2010 年在长沙市发掘出 1 万余枚东汉简牍等。

2. 甲骨档案　甲骨档案是我国夏、商、周时期的一种以龟甲、兽骨为载体的原始记录，目前出土的甲骨档案多达 15 万片。1899 年清代的王懿荣首先发现了甲骨档案。1977 年在陕西岐山发掘出土西周时期的甲骨 1.7 万余片，内容与殷墟甲骨相似。甲骨档案主要形成于商代后期（约公元前 14 世纪—前 11 世纪）的占卜活动中。甲骨档案的文字多用铜刀或石刀刻在坚硬的龟甲兽骨上，少数甲骨档案使用毛笔书写。甲骨档案的内容相当丰富，记载了商王朝的许多事迹，反映了王令、臣仆、巡游、征战、犁田、渔猎、天象、医药等各方面情况，这些档案集中地保存于宗庙所在地。它们是被有意识地收集起来，并保存在库房的档案。另外，周代也有甲骨档案相继出土，但数量较少，这是因为周人不像殷人那么迷信，没有浓重的占卜文化，因此甲骨档案也逐渐退出了历史舞台。

自 1899 年甲骨档案被发现以后，其因具有较高的经济价值和学术价值，受到了民间和学术界的极大重视。但不幸的是，大量的甲骨档案在清末民初流失海外。根据我国甲骨学的专家最近所做的最新统计，目前收藏有甲骨文资料的国家共有 12 个，流散到这些国家的甲骨文资料总数为 26700 片。

3. 金文档案　金文档案是我国商周时期的以青铜器（钟、鼎、盘、盂等）为载体的史料性原始记录，盛行于殷商末期及两周。商、周时期，青铜冶铸工艺达到了全盛阶段，由于礼乐制度的发展，不仅钟鼎等青铜器物演变为贮存于宗庙的礼器，青铜器上的铭文也成为记录当时社会重大史实的历史记录。青铜器是象征统治者社会地位、政治权力的重器，每遇重大事件，都要作器勒铭，珍藏宗庙，以期"子子孙孙永宝用"。

较为著名的周代金文档案包括以下几种。《大盂鼎铭》19 行 291 字，记录了西周早期康王时，贵族盂因征伐西北强族鬼方有功而受康王册命赏赐的史实。《史墙盘铭》18 行 284 字，是微史家族中的墙颂扬其先祖功德、祈求多福的纪念文字。《散氏盘铭》19 行 357 字，是西周中晚期散国与矢国因战争纠纷而划定田界的一份双方信守的契约。《毛公鼎铭》32 行 497 字，是西周晚期宣王告诫毛公的一篇完整的册命。《大克鼎铭》28 行 290 字，主要记录克依凭先祖功绩，受到周王的策命和赏赐大量土地、奴隶的内容。《曶鼎铭》24 行，现存 380 个字，久已遗失，仅存铭文拓本。《虢季子白盘铭》111 字，记述虢季子白奉王命征伐西北狁族后于周庙受赏的情况。战国时期的《鄂君启金节》（车节铭 150 字、舟节铭 165 字），是极其珍贵的金文档案。《左传·成公十三年》载："国之大事，在祀与戎。"故金文档案以记述祭祀先祖与征伐赏赐为最多。在西周时期，金文档案多形成于周王室及其臣僚；春秋战国时期，随着诸侯卿士大夫势力的上升，他们也有了自己的金文档案。西周时期的金文档案大都是在浇铸之前，将铭文反刻于器物内范上，并随器物浇铸而成；春秋以后，开始出现刻铭。1977—1978 年先后出土的《中山王鼎铭》《中山王圆壶铭》《中山王壶铭》，就是战国时期的中山国的金文档案。在西灵山一号大墓中出土的中山王十四年铸的中山王鼎上的铭文（铁足刻铭铜鼎，刻铭 77 行 469 字，记录了赏赐中山相周的历史），是迄今发现的文字数量第二多的金文档案。中山王圆壶为中山王的嗣王为先王所作，腹与圈足皆有铭文，腹部铭文 59 行 182 字。中山王方壶铭文 450 字，约刻于公元前 314 年，记录了制作时间（中山王十四年）、用料和目的，值得赞美的先王功业和事迹等，是迄今发现的文字数量第三多的金文档案。1963 年在陕西宝鸡贾村镇（今宝鸡市陈仓区）出土何尊，在铜尊内胆底部发现了一篇 12 行共 122 字的铭文，记载了周成王营建洛邑，建筑陪都的重要历史事件，而其中"余其宅兹中或"更是"中国"一词最早的文字记载。这也是"中""国"两字作为词组首次出现。截至目前，我国出土的载有铭文的青铜器已多达万件以上，其中铸刻有书史铭文的当为金文档案。

宋真宗咸平三年（公元 1000 年），乾州获得古铜鼎一件，方形四足，上有古文 21 字，真宗命儒臣考证，验其款识，认为是"史信父甗"。这是较早的金文档案研究记载。

4. 石刻档案　石刻档案是以石为载体，一直沿用至今的史料性原始记录。我国石刻档案的历史悠久，且一直延续至今。《史记·秦本纪》载："是时蜚廉为纣石北方，还，无所报，为坛霍太山而报，得石棺，铭曰：'帝令处父不与殷乱，赐尔石棺以华氏。'死，遂葬于霍太山。"这是目前所见最早的有关石刻的文献记载。战国时出土的《穆天子传》载："天子五日观于春山之上，乃为铭迹于县圃之上，以诏后世。"

现收藏于故宫博物院的石鼓文描写了君王田狩渔猎之事，故称"猎碣"。郭沫若等学者认为，石鼓文为秦襄公时作，内容描写的是秦襄公的一次规模盛大的田猎活动。清代学者俞正燮认为石鼓文应为北魏太武帝拓跋焘太平真君七年（公元446年）西征盖吴时的东西。近代学者姚大荣撰《石鼓文足征记》一文，支持这种观点，并认为石鼓文乃北魏时期崔浩的作品。据清嘉庆十三年（公元1808年）《重修石鼓寺记》载，石鼓出土于"三畤原"的雍城（即陕西雍县，今凤翔县）。石鼓文是中国现存年代较早的石刻记录之一。

1976年，陕西省雍城考古队在凤翔县城南指挥镇南指挥村秦公一号大墓发现的石磬残片，是一种古代乐器，石磬边缘有铭文，这是目前发现最早刻有铭文的石磬。现存秦公一号大墓石磬铭文26条，共206字（包括重文6字）。

秦始皇巡游郡县时，为宣扬威德、宣示政令，形成了《泰山刻石》《琅琊刻石》《芝罘刻石》《碣石刻石》《会稽刻石》等石刻档案。汉代的《汉鲁相乙瑛置百石卒史碑》，是刻在石碑上的关于孔子十九世孙孔麟廉于东汉桓帝永兴二年（公元154年）为增设掌管庙中礼器的一员卒史，由丞相转奏朝廷及皇帝诏鲁相承办的官文书档案。唐代的《唐蕃会盟碑》，是关于唐穆宗长庆元年（公元821年）唐朝和吐蕃会盟立约的史实记载，用汉、藏两种文字镌刻，其中包括盟辞的原文、双方参加誓盟官员的职衔姓名、唐蕃友好关系的历史、会盟的始末，以及立碑的年月日。南宋的《平江图碑》，是南宋理宗绍定二年（公元1229年）郡守李寿朋重整平江府（今苏州）坊市后所刻的府城平面图。清代《黑龙江通志纲要》载："黑龙江省金石文字之可考者，有《得胜陀纪功碑》，出肇州沙土中，为金代金石。又奴儿干《永宁寺碑》及《重建永宁寺碑》，为明代所立，今皆沦失。案《魏书》乌洛侯，其国西北有魏先帝旧墟石室，太武帝遣中书侍郎李敞告祭，刻祝文石室之北而还，实为黑龙江石刻见于史传之始，惜今已无可考。又康熙初，墨尔根地方掘井得石，文曰莫来耕，系唐年号。此外惟辽金官印及唐宋古钱数物犹存，其余残灭者何限。乃至康熙二十八年分界碑。"此外，大量的墓志也是中国古代石刻档案的重要组成部分。川陕革命根据地也形成了大量宣传红军政策的石刻档案。人民英雄纪念碑是中华人民共和国为纪念、表彰1840年—1949年为中国革命英勇牺牲的人民英雄而镌刻，由毛泽东同志和周恩来同志题写的重要石刻档案。

我国研究金石档案文献的著作主要有：学术史上第一部金石考古学专著是宋代欧阳修的《集古录》，1063年成书，上自周穆王，下至隋唐五代。欧阳修之子"撮其大要，别为录目"，撰成《集古录》十卷传世。宋吕大临的《考古图》，共10卷，1092年成书，绘图摹文，有《考古图释文》一卷。宋李公麟的《考古图》对每件器物，都图绘形状，并解释其制作、铸文、款字、义训及用途。宋王黼的《博古图》（又称《宣和博古图》），共30卷，考订编纂宋徽宗所得器物，共20类800多件，是北宋金石文物的精品。宋赵明诚《金石录》，共30卷，包括所见三代（夏、商、周）到隋、唐、五代的钟鼎彝器铭文款识，以及碑铭、墓志等石刻文字记录。宋薛尚功《历代钟鼎彝器款识法帖》，共20卷，收集从夏、商到秦、汉的铜器、石器铭文，近五百件。沈括的《梦溪笔谈》、郑樵的《通志》等书，也包括金石考古方面的内容。乾隆年间的御纂《西清古鉴》等书，推动了金石研究的复兴。其后有《考工创物小记》《捃古录金文》《愙斋集古录》《寰宇访碑录》《金石萃编》《古泉汇》《金石索》等书。现代还建成了《中国金石总录》数据库，第一期收集的金石拓片内容为10800拓，第二期收集的金石拓片内容为10500拓；收集材料新颖，首次公布量巨大，其中发掘文献约占60%，稀见文献约占40%。

5. 缣帛档案　缣帛档案又称"帛书"或"缯书"，是我国以丝织物为载体的史料性原始记录。缣帛档案最早发现于1942年被盗掘的湖南省长沙市子弹库战国楚墓。出土不久后，该帛书落入美国人约胡·哈德利·考克斯之手，之后被他带回美国。这份珍贵的帛书在美国被几度易手，最后被美国纽约大都会博物馆收藏。其上墨书楚国文字，共900余字，奇诡难懂，附有神怪图形。1973年，我国对该墓再次进行发掘，出土战国时遗物《人物御龙帛画》一幅。1973—1974年，在长沙马王堆3号汉墓，又发现两幅约形成于西汉文帝十二年（公元前168年）以前的古地图。1979年，在敦煌马圈湾汉代烽燧遗址发现一件长条形帛书，墨写隶书30字，记录了边塞绢帛价格及来源。《后汉书·光武帝纪》载：建武十五年（公元 39 年）春三月议封皇子，"臣请大司空上舆地图"。秦代的丞相、御史府，汉代的石渠阁、兰台、东观、麒麟阁、云台等处，都是收藏舆图、画像的地方。简牍被纸张取代后，缣帛却得到沿用，但数量相对减少。唐代规定中书省的赦书（免罪的文书）皆用绢；宋代规定尚书省官告院颁发的告身（委以官职的文书）用绫锦；唐宋时期规定科举考试的进士登第榜帖用素绫；迄至明清，朝廷颁授文武官员的封赠文书都依规采用宫廷织染局特制的各色绫锦。

汉代的《西汉初期长沙国南部地形图》用拼接的双幅帛绘制而成，正方形，长 97cm，宽 93cm。汉代的《驻军图》长方形，长 98cm，宽 78cm；图中所绘山川、道路、营地等相当清晰精确，是国内现存最古老的缣帛档案。唐宋时期的缣帛档案已亡佚不存。明清时期以丝织品制成的各种档案材料，在中国第一历史档案馆多有收藏。湖南长沙马王堆汉墓出土的帛画《导引图》，绘有 44 幅图像，每图均绘有一个运动姿态各异的人物图像，该图是我国现存最早的导引图谱档案。

6. 纸质档案　纸质档案是以纸张作为载体的一种原始记录。纸张是中国古代四大发明之一，纸质档案最先产生于中国（见纸质文献）。1933 年曾在新疆罗布卓尔发现蔡伦之前的古纸，但未及化验就在第二次世界大战中毁于战火。1986 年在甘肃天水放马滩西汉文景时期（公元前 179—公元前 141 年）墓群中出土绘有地图的纸。纸上用墨线绘有山脉、河流、断崖及道路，绘法与马王堆汉墓出土的《驻军图》《区域图》相似。从笔迹看，山、水、断崖用软笔绘成，道路则用硬笔绘成。东汉时已用纸张书写文书，魏晋后纸质文书逐渐增多，但官府公文仍以简为主。东晋大亨元年（公元 403 年）十二月三日，桓玄在废晋安帝后正式称帝，改元"永始"，并下诏令规定："古无纸，故用简，非主于敬也。今诸用简者，皆以黄纸代之。"公元 4 世纪至 17 世纪末，我国造纸术先后传入越南、朝鲜、日本、阿拉伯国家、欧洲各国、美洲大陆，乃至全世界。纸张的使用使得档案数量急剧增长。

7. 其他载体的档案　我国古代的档案除了上述几种形式外，还有岩书、皮书、瓦书、玉书等。例如，流传和遗存于彝族地区的彝文文献载体形制除了木牍、竹简、骨刻、木刻、金石铭刻、印章、纸张等外，还有岩书、布书、皮书、瓦书等。古代的彝族采用牛、羊皮作为书写载体，人们把这些写在牲畜皮上的彝文古文献称为"羊皮书"（或"牛皮档"）。1930 年冬，地质学家丁文江来到大方县，开始研究"羊皮书"等彝文古文献。他与彝族的罗文笔老先生合作，翻译了大量彝文古籍。1936 年，商务印书馆出版了罗文笔译的《爨文丛刻》（包括 11 部彝文经典），开辟了整理、翻译彝文古文献的先河。新中国成立后，彝文古文献整理、翻译取得了丰硕成果，仅毕节地区彝文翻译组就翻译出版了 80 多部，120 卷，共 3000 多万字。其中《彝族源流》是一部全面叙述彝族及其各支系起源和发展的珍贵档案史料。

在数千年的中华文明发展中，中国各民族还形成了数量可观的玺印档案。玺印的制作原料有陶泥、木、竹根、砖瓦、骨角、牙、瓷、金、银、铜、铁、铅、水晶、玉、石、琥珀、玛瑙、翡翠等多种。《后汉书·祭祀志》指出："三皇无文，结绳以治，自五帝始有书契。至于三王，俗化雕文，诈伪渐兴，始有印玺以检奸萌，然犹未有金玉银铜之器也。"殷商时代的经印就仅仅起到了这样的作用。到了西周，随着以"工商食官"为特征的商品经济的出现，玺印跻身符节行列，具有了凭信的作用。秦以前，无论官、私印都称"玺"（也作"钤"）。秦统一六国后，规定皇帝用印独称"玺"，臣民用印只称"印"。汉代也有诸侯王、王太后用印称"玺"的。唐武则天因觉得"玺""死"同音，改称为"宝"。唐至清沿旧制而"玺""宝"并用。汉将军印称"章"。之后，印章根据历代人民的习惯，有"记""朱记""印章""印信""合同""关防""图章""符""契""押""戳子"等各种称呼。

我国的玉刻档案，除了常见的玉制的玺印档案外，字数最多的是天津市历史博物馆收藏的战国时期的《青玉行气铭饰》（传为李鸿章的后代李公木所藏）。《青玉行气铭饰》曾被多人命名，包括《玉刀珌》（邹安）、《剑》（罗振玉）、《玉珌铭》（闻一多）、《行气玉佩铭》（郭沫若）、《行气玉铭》（陈邦杯）等。《青玉行气铭饰》是我国迄今为止最早的养生记录，据考为战国后期的作品。该铭饰为十二面棱柱体，每一面经抛光，自上而下阴文篆刻三字，有重文符号，记述行气要领，是我国古代关于气功的最早记录，有极高的史料价值和文字学价值。

"档案"一词，据现有的资料初见于清代。现存清代顺治年间的官府文书中，已有"档案"一词出现。例如，顺治十八年（公元 1661 年）十月初一户部尚书阿思哈题查审霸州乾清宫胭粉钱粮土地事本中，即有"查得顺治十四年四月臣部题定档案"之语。大约成书于康熙四十六年

（公元1707年）的杨宾《柳编纪略》中载："边外文字，多书于木，往来传递者曰牌子，以削木片若牌故也；存贮年久者曰档案，曰档子，以积累多，贯皮条挂壁若档故也。然今文字之书于纸者，亦呼为牌子、档子矣。""档"字在《康熙字典》里被解释为"横木框档"。"案"字在《说文解字》中的解释是"几属"，就是像小桌子一类的东西，由此引申，又把处理一桩事件的有关文书称作一案，并通称收存的官方文书为"案"。"档"和"案"连用，顾名思义，就是存入档案架的文案、案牍。这种称呼一直沿用到现在，仍有其形象上的和内在的意义，并有了新的科学含义。

第二节　档案的定义及内涵

通过对档案源流和历史沿革的认识，我们既可以充分认识到档案与人类社会文明发展的密切关系，也可以了解档案的存在价值和意义。深入揭示和说明档案概念的本质、属性、特征和价值，阐述档案的定义，科学地管理档案，有效利用和开发档案资源，是档案管理学的重要任务之一。

一、典型的档案概念定义

从概念的内涵和外延维度出发，人们对档案概念的研究，目前取得了许多相关思想成果。按时间顺序，具有典型代表意义的认识成果如下。

1. 荷兰学者的观点　19世纪末，荷兰的斯·缪勒、伊·阿·斐斯、阿·福罗英在《档案的整理与编目手册》（1898年）一书中认为，档案是"某一行政机关或其某一官员正式收到或产生并被指定由他们保管的书写文件、图片和印刷品的总和"。

2. 英国学者的观点　1922 年，英国学者希拉里·詹金逊在《档案管理手册》一书中认为，档案是在某一行政管理或行政事务（无论是公共的还是私人的）实施过程中所拟就或使用，作为该事务的组成部分，事后由该项事务的负责人或其合法继承者保管，以备不时查考的各种文件。

3. 苏联学者的观点　1935 年，苏联的克雅捷夫在《档案工作的理论和技术》一书中认为："凡具有公务、科学和文学性质的，直接反映（通过原本）机关、团体、企业和个人过去活动的手写的或印刷的、文字的或图表的，并需要保存起来以备科学或实践利用的材料，均为档案材料。"

4. 民国时期学者的观点　1938 年，何鲁成在其所著的《档案管理与整理》一书中认为："我国文字中之档案二字，适等于西文中 Archives 一名词。如合并中西文字而对档案一名词下一定义，当为：档案者乃已办理完毕归档后汇案编制留待参考者方可作为档案，其中包括机关内所收入及发出之公文及其附件。"

5. 德国学者的观点　德国阿道夫·布伦内克的文集《档案学：欧洲档案工作的理论与历史》（1953 年）认为，档案是"某一自然人或法人在法律或事务活动中产生，并作为以往活动之查考资料和证据在特定场所永久保存的文件和文献的总和"。

6. 美国学者的观点　1956 年，美国的 T. R. 谢伦伯格在《现代档案原则与技术》一书中，在认真分析了世界各国档案定义中的因素的基础上，在分析了"记录为什么会存在""记录为什么会被保存""作为档案保存的记录应具有哪些价值"等问题后，给档案下了一个定义，即"经鉴定值得永久保存以供查考和研究之用，业已藏入或已选出准备藏入某一档案机构的任何公私机构的记录"。

7. 美国档案工作协会的定义　美国档案工作协会使用的"archival records""permanent records"和"archives"等术语，大体上与我国的"档案"一词相一致。其对"archival records"的术语解释是："个人、家庭或组织（公共的或私人的）在其事务行为中制作或收到的材料，因为其信息中含有持久价值或含有其形成者的职能和责任的证据而被保存。"其对"permanent records"的术语解释是："个人、家庭或组织（公共的或私人的）在执行其事务活动中形成的材料，因为其包含的信息可作为创造者的职能和责任的证据的持久价值而被保存。"其对"archives"的术语解释是："个人、家庭或组织（公共的或私人的）在其事务行为中制作或收到的材料，这些材料的信息中含有持久价值或含有其形成者的职能和责任的证据，成为按原来的顺序和原则集中控制起来的永久性记录的集合。"

8. 中国《档案工作基本术语》标准的定义　我国行业推荐标准《档案工作基本术语》（DA/T1—2000）对档案术语的解释是："国家机构、社会组织或个人在社会活动中直接形成的有价值的各种形式的历史记录。"

二、定义档案概念应考虑的主要因素

在定义作为档案工作基本术语的档案概念时，应当注意揭示和说明档案概念的相关因素。

1. 档案概念的本质因素　档案概念的本质因素包括形成主体（来源）、内容、价值三要素。

档案是同一来源的人类活动的产物。所以，档案概念研究应注意说明其来源或形成主体因素。在以上诸种典型的档案定义思想中，持论者基本上都注意到了对这一因素加以说明的必要性。从世界范围来看，档案形成的主体基本上可以概括为公共机构或组织、私人机构或组织，以及个人（包括家庭和家族等）。忽视了这一因素，就是对档案管理实践长期以来所普遍认同的同一来源产生文件、记录、数据材料的反向形成和积累性的否认。档案这一事物，同其他类似事物相比，最为本质的特征之一就是：档案是同一来源（公私组织或个人）的人类活动的产物。如果认为这一因素是档案定义的非本质因素，就会在一定程度上影响档案的顺利形成和定向积累及保存。

档案是一种人类活动的数据、信息和知识存在。无论各种主体在活动中以何种方式、出于何种目的形成和使用文件、记录，只要这些文件、记录内容中的数据、信息和知识能够提供其形成主体所承担人类活动的业务和法律凭证，能够为现实和日后的研究活动提供参考，就有条件成为档案。

档案是一种人类活动的价值存在。无论文件、记录的最初形成目的是什么，只要它日后可以提供其形成主体的业务凭证和法律证据（包括行政、财务、法律、业务追溯等）可以提供满足人们各种研究和文化需要的有用数据、信息，就有条件成为档案。

档案是一种按一定规律集中起来的文件（或记录）的有机体系。同个体的文件和记录材料不同，档案的运动是一种有规律的"类运动"。各种社会主体在从事社会活动中形成的个体文件、记录、数据材料等，只有纳入一定的分类体系，并经过系统加工之后，才能成为科学意义上的档案。

目前我国档案学理论研究中所说的"原始记录"就是对档案本质的揭示和说明。而所谓"原始记录"就是同一主体形成并积累的，可以满足其业务凭证和法律证据需要及其他利用者信息需要的，按一定规律集中保存起来的文件体系（或称文件有机体）。任何试图从文件个体角度揭示档案本质的思路，都只能步入死胡同。

2. 档案概念的外延因素　档案概念的外延因素，尽管属于非本质性的定义因素，但对这种因素的认识，可以在一定程度上帮助档案工作者明确管理对象的边界。其中主要包括档案的存在形态、内容的记录方式、载体（介质）形态等。

档案的存在形态是指构成档案的具体文件、记录等方面的种类形式，如文件、公文、信函、图样、照片、影片、唱片、录音文件（记录）、录像文件（记录）、音频文件（记录）、视频文件（记录）、多媒体文件（记录）、数据库文件、CAD文件，结构化文件、非结构化文件，等等。

档案内容的记录方式是指在社会活动中各种社会主体所采用的传递、表达、存留、撷取信息、数据、知识的手段和方法。主要包括模拟记录方式和数字记录方式两种。前者属于物理性的连续记录方式，后者属于离散性的记录方式。

档案的载体（介质）形态是指档案信息、数据和知识的存储介质或媒体。如竹木、石材、甲骨、青铜器、泥板、瓦片、陶器、玉器、纸草、羊皮纸、蜡版、纸张、胶片、光盘、磁带、磁盘、磁鼓、硬盘、软盘等。

三、档案概念的科学定义

基于上述分析，本书对档案定义的表述为：档案是组织或个人依据其自身活动和社会发展需要及相关法律法规要求，将在特定活动中直接形成、积累的各种有价值的文件、记录和数据材料，按照一定规律集中保存起来的原始记录。

这一定义的基本含义包括以下四个方面。

1. 档案是各种组织和个人在其特定活动中形成和积累的最原始的记录　档案的形成和积累与一定主体的活动直接相关，是人类活动的有机组成部分。任何国家机构和社会组织及个人，都可能成为档案的形成来源。同一个组织或个人，在活动过程中，为了实现表达意图、传递消息、沟通业务、了解情况、业务留痕等目的，均需要文件、业务记录、数据记录等手段。这些文件、记录和数据材料在完成了其最初形成和使用的目的之后，被其形成主体有意识地留存下来，这就成为其转化为档案的一个必要前提条件。在档案管理实践中，世界各国都非常强调坚持来源原则，维护同一来源档案的不可分散性。在档案分类实践中，按来源分类，也是确定档案所属类别的最高准则。

2. 档案是各种组织和个人依据其自身活动和社会发展需要及相关法律法规要求形成的原始记录　成为档案被留存，并不是各种文件、记录和数据材料的最初形成目的，而是因为在这些业已形成的文件、记录和数据材料中所包含的数据和信息，可以有效满足其形成主体对业务活动凭证、法律证据的需要，可以满足其形成主体对业务活动的审计、追溯、经验积累和查考、知识发现、知识积累、知识应用的需要，可以满足国家法律法规对国家长远利益维护的需要，可以满足社会各方面科学文化及学术研究的现实和长远需要。

3. 档案是记录方式和载体形态多种多样的原始记录　在电子档案出现前，档案是指原生内容和原始载体的复合体。其存在形态丰富多彩。这主要是因为人类所采用的记录手段、方式及载体具有多样性。在人类进入电子记录时代后，档案虽然不再依赖原始的载体（存储介质或媒体）而存在，但依然要存在于一定的物理介质或媒体之上；虽然档案的记录方式从传统的模拟的方式发展为数码序列的方式，但其呈现方式依然是文字、图形、声音、影像等形态。因此，档案的内容记录方式和载体形态依然呈现出多样性的特征。

4. 档案的本质是按一定规律集中保存起来的有价值的原始记录

我国的档案学理论一般认为：只有按一定的规律保存起来的文件，才能最后成为档案。但是文件不能自动地成为档案。文件是经年累月、逐份逐件地产生的，只有把这些文件中有保存价值的部分按照一定的程序和条理集中保存起来，它们才能成为档案。以现代一般的档案来说，它是经过选择而集中保存起来的文件体系。从这个意义上说，文件是档案的前身，档案是文件的归宿和有机体。

档案的特点和优点之一，就在于它已经不是一份份孤立的文件、记录或数据材料，也不是一批批杂乱文件、记录和数据材料的堆积物，而是经过系统化加工的、具有内在联系的连续性记录体系。这种系统的、连续的记录体系可以为有关形成主体的存续和发展，提供真实、完整、有效的业务活动凭证支持和法律证据保障。而那些零散、无序的积存文件、记录和数据材料，虽然也具有一定的档案属性，但并非科学意义上的档案。人类要想留下相对完整的、连续的社会历史记录，有效地继承前人或他人的经验和智慧，传承人类的文明，弘扬人类的文化，最基本的条件就是要根据档案的形成规律，采取科学有效的管理方法，积累和保存好档案这种原始记录。

"原始记录"是档案的本质，离开了这一本质，我们就无法科学地认识档案，也无法准确地理解和把握档案的各种属性和特征。档案是由有价记录（包括文件、记录、数据材料）构成的有机体系，这也是"原始记录"的基本内涵。关于档案的各种本质规定性和特征，我们将在本章的下一节中讲述。

第三节　档案的属性及作用

一、档案的属性

档案的属性是指所有档案具有的固有性质的集合。档案的本质是原始记录，这一本质决定了档案的各种规定性。

（一）特殊本质属性

1. 原始性　档案的形成过程及所记录内容的原生性，使档案具有了这种性质。就档案的形成过程而言，所有的档案都是由人类在从事各种相关的活动中所使用的文件、文书、数据记录、信息记录等直接转化而来的，而不是事后根据某种需要或意图编造、伪造出来的。就档案的内容而言，它所承载的是人类在从事各种社会活动中所形成和积累的原生性数据、信息和知识，其中既有人类在从事各种活动的过程中获得的过程性经验、事实、数据、信息的记录，又有结果性的经验、事实、信息及理性认识成果的记录。这些记录本身都具有非常突出的原始性。

2. 记录性　档案是一种可以追溯既往职能、活动、事件等人类活动的过程和结果的连续记录。在各种相关的活动中，人类可以用于追溯既往的记录物虽然有许多，如图书、报纸杂志、资料等文献材料，都具有这种功能和作用，但是唯有档案可以为人类活动提供真实、系统、完整的连续性凭证。档案所能提供的这种令人信服的连续性凭证，是其他各种文献材料不能提供的。档案的这种品质是由其前身——文件、文书、图样、图像、影像及各种电子文件、数据记录的性质决定的。人类在从事各种活动的过程中，为了表达意图、传递信息、业务留痕、记录行为过程和成果等目的而使用的各种模拟性的、数字性的记录，都是这些活动的有机组成因素。这些事实、过程、经验、结论等记录，由于具有原生性、凭证性等特点，其作用是人类其他记录物（各种派生性的文献资料）所无法比拟的。

3. 有机联系性　档案是人类历史活动的产物。围绕着每一项职能活动，都会形成一定数量的文件、文书、记录和数据材料（以下统称文件），这些文件在产生和处理过程中很自然地形成了密切的关联性，形成了一个个有机的文件体系。一个组织、机构或个人的社会活动，可以通过其在历史活动中形成的有机文件体系得到连续的凭据支撑和保障；一项职能或活动，可以通过围绕该项职能或活动所形成的有机文件体系，获得连续的历史凭据的支撑和保障；一个事件或项目，可以通过围绕该事件或项目形成的有机文件体系，得到充分的连续的凭据支持和保障；一个内部机构或活动单元的活动，也可以通过该内部机构或活动单元所形成的有机文件体系得到系统的凭据支持和保障。档案的有机联系性，是由人类活动的规律和特点决定的，是在其前身——文件的产生和处理过程中自然形成的一种相互关联性。档案的这种有机联系性是一种整体性特征，而非构成档案有机体的每一份文件的个性特征。

从某种意义上说，图书也具有有机联系性，但图书的这种有机联系性一般是指图书内容所提供的知识或思想具有一定的关联性和整体性，而且多体现于每一本图书自身，即个体的、内在的知识内容本身的关联性和整体一致性；另外，图书的这种属性带有明显的主观性特征，因为对相同素材的加工，可以形成不同的认识成果。而档案的有机联系性，则是一种"生长的结果"，是文件之间而非个体内在的一种联系特征。有机体适应环境，在环境中发展起来，并作用于环境。档案正是这样一种"有机体"，是在人类活动的环境中，伴随着人类的实践活动和思维活动而生，同时又反作用于人类的相关活动，成为人类社会存在和发展的一种重要的文化资源和财富。

4. 来源同一性　与文献、情报和资料等记录物相比，档案具有非常突出的来源同一的属性。同一来源的档案不能分散，不同来源的档案不能混杂。这里所讲的来源既可以指档案的形成机构、组织或个人（即法律上说的法人和自然人），也可以指"职能活动"。在档案管理中，我们把同一组织或个人、家庭来源的全部档案的总和称为"全宗"。只有有效地将同一来源的档案集中管理，才能使其整体价值最大化，同时这也是有效理解其中的某一份或某一类档案文件存在价值的必要前提条件。

通过对档案所具有的上述性质的分析，可以得出的基本认识结论是：档案以兼具原始性、记录性、有机联系性、来源同一性的特征，区别于其他文献资料。与其他记录相比，原始性、记录性、有机联系性、来源同一性是档案的特殊本质属性，也是档案固有的本质性质。但是，对档案属性的认识，如果仅仅停留在这种认知层面，还不足以把握档案的所有属性。在以往的理论中，有学者认为"原始记录性"是档案的"唯一本质属性"的认识是不够全面的。其实，"原始记录性"只是档案的特殊本质属性而已。

（二）一般本质属性

档案还具有许多同其他记录物共有的本质规定性，即一般属性。

1. 证据性　从法律意义上说，证据性是所有具有证明事实能力的事物或对象的共同本质属性。但档案的证据价值（证明力）高于其他证据性材料。这是因为档案属于原始证据和直接证据，其中有许多还是国家机关、社会团体依职责制作的公文。

2. 真实性（可靠性）　凡是能够客观地记录和反映人类活动的记录物、实物等，均具有真实性（可靠性）的性质。但从反映人类社会活动的本来意图、直接目的的角度看，档案的真实性（可靠性）远远高于那些人们在事后加工、编辑、整理过的，加入了更多的主观认识的文献资料。

3. 数据性　数据是关于事实的最小记录单元。档案的内容是由许许多多的数据单元构成的，而且这些数据多数属于人类活动的原生性数据，其价值往往大于其他文献中所包含的数据。

4. 信息性　信息是可以消除人类社会活动中各种不确定性的东西，包括原生性信息和派生性信息两种。档案的内容中含有大量的原生性信息，可以扩充、浓缩、扩散、分享、替代等，也可以采集、传递、存储、检索、处理、交换、利用。

5. 知识性　档案是知识的一种存在形式，其中既有感性知识也有理性知识。档案知识具有可应用性、可分享性及去伪存真性。但是，与图书情报资料等文献相比，档案知识还比较欠缺系统性、精细性，即档案知识的内容较为芜杂。

6. 经验性 经验是指从多次实践中得到的知识或技能或人的亲身经历。档案中的经验是在社会实践中产生的，是客观事物在人们头脑中的反映，是认识的开端。充分利用档案中的经验，人们可以获得更多的理性认识成果和有效的行动指南。

7. 内向性 档案是其形成者在社会活动中形成的，其具体的形成目的和内容多数不为公众所知晓，具有较为突出的内向性。有些档案因涉及国家秘密、企业商业秘密或个人隐私，还需要在一定时间范围内控制使用，具有很强的机密性特征。但随着时间的推移和社会条件的变化，档案的机密性会逐渐减弱，并最终会成为可以公开的信息。

8. 系统性（完整性） 档案是人们按照其形成规律和特点，经过分类、整理、鉴定等科学地管理而形成的文件有机整体。档案可以相对系统、完整地予以记录和呈现各种机构、组织的职能活动的客观历史样貌。

9. 价值性 档案的内容丰富，是一种富集性的数据、信息、知识、经验、成果资源，可以有效地满足人们在生产、生活中的各种需要，具有多种多样的有用性和有益性。

10. 资源性 档案作为一种宝贵的数据、信息和知识资源，蕴含了许多人类社会的组织和团体及个人所急需的有价值的数据、信息和知识。在现实社会中，谁掌握的档案资源越多，谁就越有话语权和竞争力。档案资源已成为世界各国及企业生存和发展所必需的一种核心性的宝贵资源。

11. 流动性 档案的内容是可以传播和流动的资源。传统媒介存储的档案资源的流动性较弱，但数字化的档案资源可以利用信息网络增强其流动性，让更多的用户分享档案数据、信息和知识，从而促进档案价值的实现。

12. 继承性 档案可以通过各种记录媒介长期保存、继承下来。人类社会通过模拟媒介和数字媒介等手段保存档案，继承人类的精神财富。正因为档案的这种继承性，人类的经验和知识才得以不断发展，一代胜过一代，并向生产要素中渗透，使劳动者的素质不断提高、科技生产和经营管理水平不断提升、社会治理能力不断增强。

13. 社会性 依法公开的档案是一种社会性资源。不同的社会生产方式产生不同种类、不同数量、不同质量的档案资源。档案资源是可超越国界、超越种族关系的，谁都可以掌握和利用它创造社会财富。

14. 文化性（财富性）　文化是人类所创造的物质财富和精神财富的总和。档案是文化的一种重要存在形态，是人类所创造的精神文化财富的重要组成部分。

二、档案的作用

1. 档案作用的概念　档案作用是指其对人类社会活动产生的、经过实践证实的影响和效果。它是一个关系范畴，即档案对其使用者（用户）的社会活动的思想和行为所产生的实际影响及其效果。档案作用是档案功能实现的具体方式。同档案功能的概念相比，两者的主要区别体现在以下方面。

（1）档案功能是中性的，即没有好与坏、积极与消极、利与弊之分，它所说明的是档案对人们社会活动的影响能力；而档案作用则是现实的、实践的，其结果常常具有一定的倾向性，既有积极的作用也有消极的作用，既有有利的作用也有不利的作用。

（2）档案功能是客观的，是由其构成因素及其结构方式决定的；而档案作用则具有较为突出的主体性，即对不同的使用者来说，同一档案的作用往往会存在一定的差异性。档案作用的差异性，是由其使用者的需求强度、理解能力、知识素养等决定的。

（3）档案功能是相对稳定的，即同一群宗、类别、案卷的档案的功能通常是相对稳定的，不会因为人是否认识到而改变；而档案作用是变化的、多态的，即同一档案的作用会因时空条件的变化、使用者的不同、开发利用手段的有效性、档案机构的服务能力和服务质量等环境因素的影响，而出现多种变化和实际效果。

档案的功能和作用之间存在着密切的关系。一般的规律是：对档案功能的认识和把握程度越深刻，档案作用的实现也会越充分、越有效、越广泛；同样，对档案作用的典型经验提炼、总结得越充分、越及时、越完整，对档案功能的认识深度也会越深化。

2. 档案作用的种类　档案作用的种类是多种多样的。依据不同的划分标准，可以将人们已经认识到的档案作用划分成不同的种类。

（1）按发生的领域划分，档案作用可分为政治作用、经济作用、文化作用、军事作用、外交作用、科研作用、教育作用等。

（2）按实际效果的性质划分，档案作用可分为积极作用、消极作用等。①档案的积极作用是指档案在发挥作用后所产生的效果，能够为使用者带来符合其需要的影响效果。即档案用户可以通过利用档案获得某种有助于其从事社会活动或思维活动的"正能量"。②档案的消极作用是指档案在发挥作用后所产生的效果，对其使用者或所有权人产生的负面性的影响。如，让不属于知情人范围的用户利用或非法使用了涉密档案，就会给国家、企业或个人造成某种程度的损害或伤害。再如，利用了档案内容中不完整、不准确的记录、数据等，也会给使用者带来负收益。

（3）按对象划分，档案作用可分为档案对党政机关的作用、对企业的作用、对事业单位的作用、对公民个人的作用等。

（4）按影响力范围划分，档案作用可分为宏观作用、中观作用、微观作用或单位作用与社会作用。

（5）按持续性划分，档案作用可分为现实作用、长远历史作用。

（7）按涉及的因素划分，档案作用可分为档案的原生性作用和派生性作用。

（6）按重现概率划分，档案作用可分为一次性作用、多次性作用。

我国档案学对档案的一般作用的主要认识成果，集中体现在吴宝康先生主编的《档案学概论》一书中。和宝荣教授认为："档案的具体作用主要表现在机关工作的查考凭据、生产建设的参考依据、政治斗争的必要手段、科学研究的可靠资料、宣传教育的生动素材等几个方面。"

第四节 档案的分类

根据档案自身的属性和档案管理理论研究的需要，可采用不同的标准，从各种角度划分档案的种类。

1. 按来源划分　即按档案的形成主体的性质来划分档案的种类。形成主体是档案的重要来源属性，依据该属性标准，可以将档案划分为党政机关档案、社团组织档案、企业（公司）档案、事业单位档案、名人档案、家庭档案、家族档案等种类。

2. 按职能划分　即根据档案形成的职能活动性质来划分档案的种类。人类社会的职能活动是多种多样的，所以，可以呈现的划分结果也是多样的，如党务档案、政务档案、经营管理档案、生产管理档案、技术管理档案、基本建设档案、产品（设备）生产档案、科研档案、人力资源管理档案、财务管理档案、项目管理档案等。

3. 按内容划分　即根据档案的内容性质和形成领域来划分档案的种类，如文书档案、科技档案、专门档案等。

4. 按记录方式划分　即按照档案的不同记录手段和方式等性质来划分档案的种类，如文字档案、图形档案、图像档案、声音档案、照片档案、数码照片档案、音（视）频档案、多媒体档案、缩微档案等。

5. 按载体（存储介质或媒体）划分　即按照档案的实际存储介质来划分档案的种类，如简牍档案、甲骨档案、纸草档案、泥板档案、蜡版档案、羊皮（牛皮）纸档案、棕榈叶档案、缣帛档案、纸张档案、胶片档案、磁带档案、录音带档案、录像带档案、光盘档案、磁盘档案等。

6. 按时间划分　即按照档案形成时所属的历史时期、年代、年度、阶段等性质来划分档案的种类。如按历史时期，可划分为夏商周时期档案、封建时期档案、民国时期档案、中华人民共和国时期档案等；按年代，可划分为 20 世纪 30 年代的档案、40 年代的档案、50 年代的档案等；按年度，可划分为 1949 年的档案、1958 年的档案等；按阶段，可划分为项目前期档案、项目中期档案、项目后期档案等。

7. 按所有权划分　即按照档案所有权的性质来划分档案的种类，如国家所有档案、集体所有档案、公民个人所有档案等。境外的一些国家将档案划分为"公共档案"和"私人档案"，采用的也是这种划分标准。

8. 按涉密程度划分　即根据国家法律法规所规定的档案内容的涉密程度来划分档案的种类，包括非密（公开）档案、绝密档案、机密档案、秘密档案，核心商密档案、普通商密档案，个人隐私档案等。

9. **按价值划分**　即按照档案的不同保存或利用价值特征划分档案的种类，包括具有永久保存价值的档案、具有长期保存价值的档案、具有短期保存价值的档案，具有政治价值的档案、具有经济价值的档案、具有文化价值的档案、具有科学研究价值的档案、具有军事和国防价值的档案，具有单位价值的档案、具有国家和社会价值的档案等。

10. **按所属的政权性质划分**　我国的档案按所属的历史时期和政权性质，可划分为中华人民共和国成立后的档案和成立前的档案。中华人民共和国成立后的档案主要包括党和国家的中央及地方的各级机关、军队、团体、企业和事业单位的档案，以及国家征集或个人捐赠的某些著名人物的档案，等等。这部分档案是国家所有的档案中完整性最好且数量还在不断增长的档案。中华人民共和国成立前的档案，按其所属的政权性质，可划分为革命政权档案和旧政权档案。

革命政权档案（也称革命历史档案）是我国新民主主义革命历史时期的档案的简称。它主要是在从 1919 年"五四运动"到 1949 年中华人民共和国成立以前的整个新民主主义革命时期内，中国共产党及其领导的人民政权、军队、企业、事业单位、共青团和其他革命团体、革命活动家所形成的档案。

旧政权档案包括在中华人民共和国成立前，历代王朝、中华民国、北洋军阀、日伪政权时期所有的机构、组织、军队、企业、事业单位和反动党、团、会道门的档案，以及一般社会团体、私营企业、私立学校，为国家所接收的外国在华的侵略机关、团体、企业、事业单位的档案。这些档案反映了我国各个社会历史时期的状况，是研究我国历史的宝贵史料。

第二章 中医医院档案管理概述

第一节 中医医院档案管理的内容和性质

医院档案工作是一项很重要的专门事业，是实现社会主义现代化建设，开展历史研究，进行各项工作的必要条件。做好档案工作，不仅是当前工作的需要，而且是维护党和国家历史真实面貌的重大事业。

一、档案工作是一项管理性的、科学性的工作

从档案工作自身来说，它属于一种管理性的、科学性的工作。它又以专门的工作内容及其特点，区别于其他管理工作。

一方面，就总的档案工作看来，它是一项专门业务。档案工作不生产物质财富，也不直接从事国家管理、进行决策及其他专业活动，档案主要也不由档案工作机构和档案工作人员产生和利用；档案工作是专门负责管理各部门形成的历史文件的一种独立的专业，属于国家科学文化事业的组成部分。国务院《关于加强国家档案工作的决定》中规定："档案工作的任务就是要在统一管理国家档案的原则下建立国家档案制度，科学地管理这些档案，以便于国家机关工作和科学研究工作的利用。"

我们可以看到，对档案的管理并不只是简单的保存、归纳，而是必须采取一套行之有效的科学的、规范的管理方法，使其处于有机整体之中，对其甄别、筛选、归纳都有据可依、有迹可循，使其满足社会各方面的利用。总之，档案管理离不开科学的考证、系统地整理，具有极强的科学性。

另一方面，从特定的部门、一定单位的档案管理工作来看，它又是某种工作管理的组成部分。档案，就其保存和流传归宿的程序，可以分作档案室阶段和档案馆阶段。档案室保存的档案，是本单位进行职能活动的历史记录。在档案室保存的阶段，由于日常工作经常查考，所以档案参与单位管理。因此，档案室工作，也就是相应的工作活动的内容之一。在不同的机关、不同档案的管理，属于不同工作的管理范围，如会计档案工作和干部档案工作，分别为财务管理和干部管理工作的一部分。科技档案工作，则是生产管理、技术管理、科研管理的重要组成部分。

鉴于档案管理是一项科学性的工作，这也就要求档案工作人员必须具有相关的科学知识。首先，一个档案工作人员必须具有档案学相关的知识，尤其是要熟练掌握档案管理的理论、方法与技巧，这是一个专业的档案工作人员必须具有的专业基本功。同时，也要学习和掌握有关的（起码与所藏档案相应的）历史知识和部门专业知识，特别要具备识别、研究和系统地管理档案的能力；其次，也要学习和掌握与档案管理有关的一般科学文化知识，特别要具备运用于档案管理的各种方法和管理手段所需要的基础知识。应该指出，档案工作要积极地、逐步地学习和掌握档案管理现代化的知识和技能，以适应社会主义现代化建设对档案工作新的迫切需要。

二、档案工作是一项服务性的、条件性的工作

从档案工作同其他工作的关系来说，它属于一项服务性的、条件性的工作。尽管我们的生活中有许许多多的服务性工作，但是通过管理和提供档案为各项工作服务的，只有档案工作而已。

很多时候，社会主义事业发展需要档案提供信息，档案部门正是为

此服务。其日常对档案的研究、编著，都是为了社会各方面在使用档案的时候能够更加便捷、方便、全面、准确，保证党和国家各项工作有充足的资料得以开展。以上种种足以表明档案工作有着举足轻重的社会地位、深刻主要的影响，它将社会主义各项事业有机地、有序地联系在一起，并对党和社会各项事业提供保障、参谋的服务，是一项完全的后勤性质的服务工作。

档案工作的服务性，是档案工作赖以存在和发展的基本因素。回望历史发展过程，无论在哪个历史阶段，档案都是在为政治、经济、文化服务，这些既是档案的服务对象，也是其得以发展的依赖，否则档案就没有存在的必要和基础。翻看古今中外档案发展的历史，基本是沿着这样的规律发展进行的。再看一看中国，自中华人民共和国成立以来，档案工作的服务对象一直是社会主义事业，在社会主义事业的推动下，档案工作也得到了极大发展，但是囿于某些历史因素，档案工作有时不但没有发挥其作用，得到发展，反而出现了停滞或者倒退的现象。如今，我国进入全面建设社会主义现代化国家的新发展时期，国家和社会各方面都开始越来越重视档案工作，这是因为各行各业对档案的需求越来越大，其发展有赖于档案的帮助。档案的服务作用得以更充分地发挥。

三、档案工作是一项政治性的工作

在还有阶级斗争的条件下，从档案工作在政治斗争中所起的作用来说，它是一项具有政治性的工作。中国共产党中央委员会《关于建国以来党的若干历史问题的决议》中指出，在剥削阶级作为阶级消灭以后，阶级斗争已经不是主要矛盾。由于国内的因素和国际的影响，阶级斗争还将在一定范围内长期存在，在某种条件下还有可能激化。既要反对把阶级斗争扩大化的观点，又要反对认为阶级斗争已经熄灭的观点。我国的档案工作不是一般的服务性行业，在国内外的政治斗争中，档案工作是巩固人民民主专政、维护国家机密和历史财富的重要阵地之一。

档案工作的服务方向是档案工作政治性的集中表现。回顾历史可知，档案工作从来就不是独立的，它被控于一定的阶级手里，为当时环境下的政治制度、发展路线服务。今天，我们处于社会主义社会，而档案工作为谁服务这个问题仍旧不可轻视，一旦处理不好，极有可能造成非常严重的政治后果，因此必须严阵以待。我们能确定的是，在社会主义的今天，档案工作的进行必须坚持四项基本原则，必须把工作着重点切实地转移到为以经济建设为中心的社会主义现代化建设服务中来。

　　档案工作的机要性也是档案工作政治性的表现之一。所谓机要性，这不仅仅是因为档案自身固有的特点，更是源于国家的利益。查阅古今，环顾中外，保密可谓是档案工作一直以来的要求。就拿我国来说，政治、经济、科学技术、军事等方面的档案大多都是保密的。国际上的反动势力和我国的敌对分子对这些保密的部分都虎视眈眈，觊觎窥探。由于科学技术飞速发展，窃密与反窃密斗争更为尖锐复杂，尤需提高警惕。不仅仅是面对外部情况，在我们国家内部，有些档案也是要保密的，不能对所有人公开，有的档案甚至要一直保密。这是因为有的档案一旦公开会不利于社会稳固、人民团结，会对社会主义事业的建设造成破坏。鉴于此，档案工作者必须时刻不动摇保密观，从各个方面利用各种手段对党和国家的机密进行维护。

　　人们历来都将档案资料视为历史，而这历史的记录中不乏篡改历史与维护历史真实性的斗争。回顾中国历史，多的是人为了一党之利篡改、歪曲历史，但是也有不少忠良、正直之人不畏强权依史记录。排除历史和阶级的局限性来看，秉笔直书、据实立档才是档案工作的主流。作为历史史实的"第一手资料"，档案工作必须保持绝对的客观性、真实性，只有这样才能维护、再现历史的真实面貌，保证党和国家的形象表里如一。鉴于以上内容表明，做好档案工作是一项基于社会现实的、与历史发展同步的、绵延千万年的重要事业。

　　维护党和国家历史的真实面貌，是一种严肃的政治斗争。档案工作者必须加强党性，坚持辩证唯物主义和历史唯物主义，实事求是，要有立档不怕杀头的精神，保护档案的真迹不受破坏和歪曲；应当积极地提供档案用以编修史志，用档案印证历史，校正史实，使档案得到正常的利用；要同一切破坏档案、歪曲历史的行为进行坚决的斗争。

第二章　中医医院档案管理概述

第二节　中医医院档案管理制度建设研究

一、制度种类

（一）工作规章

1. 明确文件形成、归档责任　机关、企业事业单位在制定有关规章、标准和制度中应提出相应的文件收集、整理和归档的责任要求。

2. 制定档案工作规定　档案工作规定是本单位档案工作的基本要求，其主要内容应包括档案工作原则及管理体制，文件的形成、积累与归档职责要求，档案收集、整理、保管、鉴定、统计、利用要求等。

3. 建立档案工作责任追究制度　对相关岗位人员违反文件收集、归档及档案管理制度，发生档案泄密、造成档案损毁等行为，单位应提出责任追究和处罚措施，并将有关要求纳入相关管理制度。

4. 制定档案管理应急预案　对可能发生的突发事件和自然灾害，应制定档案抢救应急措施，包括组织结构、抢救方法、抢救程序、保障措施和转移地点等。对档案信息化管理软件、操作系统、数据的维护、防灾和恢复，应制定应急预案。

（二）管理制度

管理制度用来明确档案工作业务环节及重要专项工作管理的基本要求，主要包括以下制度。

1. 文件归档制度　应明确文件归档范围及保管期限、归档时间、归档程序、归档质量要求。

2. 档案保管制度　应明确各门类档案保管条件、特殊载体档案保管方式、档案清点检查办法、对受损档案的处置办法、档案进（出）库要求、库房管理要求和库房管理员职责。

3. 档案鉴定销毁制度　应明确鉴定、销毁工作的组织、职责、原则、方法和时间等要求。

4. 档案统计制度　应明确统计内容、统计要求和统计数据分析要求。

5. 档案利用制度　应明确档案提供利用的方式、方法，规定查（借）阅档案的权限和审批手续，提出接待查（借）阅档案的要求。

6. 档案保密制度　应明确档案形成者、档案管理者、档案利用者应承担的保密责任。

7. 电子档案管理制度　应对本单位各信息系统中形成的电子文件提出归档、管理和利用要求。

8. 档案管理系统操作制度　应明确档案管理系统操作人员的职责，档案管理系统软件、硬件的操作要求。

（三）业务规范

业务规范主要用来明确不同门类和载体形式档案管理的基本要求，主要包括以下几种。

1. 文件档案整理规范　应明确文件整理与档案整理原则、整理方法、档号编制要求和档案装具要求等。

2. 档案分类方案　应明确分类原则、依据、类别标识、类目范围等。

3. 文件归档范围和保管期限表　应明确各类文件归档的范围及其相对应的保管期限。

4. 特殊载体档案管理规范　应明确不同载体档案收集、整理的要求和保管条件。

二、制度建设要求

1. 依法依规　档案工作规章制度制定的依据主要包括《档案法》《档案法实施办法》国家档案局颁布的档案行政规章，国务院各部委和国家档案局联合颁布的档案行政规章，国家、本市印发的各类业务规范标准，档案行政规范性文件以及其他与档案工作有关的法律法规，如《中华人民共和国保守国家秘密法》（以下简称《保守秘密法》）《中华人民共和国著作权法》（以下简称《著作权法》）等，任何单位和组织制定的档案工作规章制度都不得与之相抵触。

2. 切合实际　制定档案工作规章制度应以管得住、易操作为原则，不必一味贪大求全。就规章制度类别来看，工作规章是一个单位依法开展档案工作的根本依据，其基本要求应当纳入单位的规章制度及考核内容中。而管理制度和业务规范既是工作依据，又指导实际操作，着重解决"做什么"和"怎么做"的问题，应当根据一个单位档案工作的具体情况制定。如收集、整理、归档、保管、利用、安全保密等工作是档案业务的重要环节和要求，关系到档案的完整、系统和安全，有必要通过制度来明确责任和工作流程，作为各部门、处室共同遵守的行为准则，因此，这些是开展档案工作必须建立的工作制度。又如档案检索、统计、编研等业务工作主要由档案机构专职人员承担，对一个单位其他部门和人员来讲不具有普遍约束力。因此，可根据单位性质、规模等具体情况选择制定或纳入档案工作规定中一并制定。再如特殊载体档案、专门档案等有其管理的特殊要求，应当结合本单位档案分类方案及业务活动实际，分门别类，逐步建立健全，确保不留管理空白。

3. 保持相对稳定　档案工作规章制度具有稳定性特点，尤其是涉及文件和档案整理等方面要求的，如档案分类方案、归档文件材料整理规范等，一旦作为工作制度确立下来，短时间内不要轻易改变，否则容易造成档案分类和文件整理标准前后不一致，给今后档案调阅和查考带来不便。

4. 适时修订完善　随着国家新标准、新规范的出台以及档案行政规范性文件有效期届满修订等工作的开展，尤其是信息技术的发展和无

中医医院档案管理实践

纸化办公的推进，对电子文件归档管理、电子档案管理、传统载体档案数字化、档案信息安全保密等工作提出了新要求。因此，档案工作制度也必须适应新形势要求，适时调整和补充完善。例如，制定档案管理应急处置预案、档案数字化外包规范、档案托管外包规范等就是近年来档案安全和保密工作的要求；《机关文件材料归档范围和文书档案保管期限规定》《企业文件材料归档范围和档案保管期限规定》也同时规定，机关内设机构或工作职能以及企业的资本结构或主营业务发生较大变化时，文件材料的归档范围和档案保管期限表应当做相应调整和修订。再如，原本属于系统内部管理规范的某项业务档案管理办法，随着国家管理规范的正式出台，应当及时做相应修订和调整，确保与上述规范保持一致。

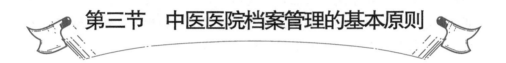

第三节　中医医院档案管理的基本原则

档案有其自身固有的特点，而且划分标准不同，其种类也不同。这些都对档案工作提出了要求，促使其必须按照一定原则进行工作。而在档案自身特性的驱使下，使档案工作具有了其他工作所没有的性质。

一、统一领导，分级管理

统一领导，分级集中地管理国家全部档案，这是我国档案工作的组织原则和管理体制，它是多年来行之有效的档案和档案工作"集中统一管理"原则的继续和发展。其基本内容可以概括为如下三个方面。

1. 统一领导，统一管理　档案工作统一领导是指各级人民政府统一领导档案工作，国家档案工作由国务院直接领导，地方档案工作由地方各级人民政府统一领导。《档案法》规定："各级人民政府应当加强对档案工作的领导，把档案事业的建设列入国民经济和社会发展计划。"档案工作统一管理是指中华人民共和国国家档案局（以下简称国家档案局）对全国档案工作进行全面规划，统筹安排，制定统一的档案法规和业务标准、规划等，对全国的档案工作分级、分专业管理。

2. 档案工作由各级档案行政管理机构统一、分级、分专业管理

统一管理是指国家档案行政管理机关主管全国档案工作，对全国档案工作实行全面规划和统筹安排，制定统一的档案法规、方针政策和业务标准，实行统一的监督、指导和检查。

分级管理是指全国档案工作由各级档案行政管理机关分层负责管理。各地方档案行政管理机关，应按照国家有关档案工作的统一要求和规定，结合本地情况，制定本行政区域内的档案工作规划、制度、标准、办法等，对本行政区域内的档案工作进行指导、监督和检查。

分专业管理是指中央各专业主管机关在国家档案行政管理机关的指导下，针对本专业系统的特点，制定本专业系统档案工作的规划、制度和办法，并对本系统的档案工作进行指导、监督和检查，保证国家有关档案工作的方针政策在本专业系统的贯彻执行。

3. 实行党、政档案和党、政档案工作的统一管理　实行党、政档案和党、政档案工作统一管理，是我国档案工作管理体制区别于世界各国的特点之一。

我国党、政府档案及档案工作统一管理的具体内容是：一个单位的党、政、工、团档案，由该单位档案室统一管理；各级党、政府机关形成的具有长久保存价值的档案由中央档案馆和地方综合性档案馆统一管理；党的系统、政府系统的档案工作，由档案事业管理机关统一进行指导、监督和检查。

二、维护档案的完整与安全

维护档案完整与安全，是档案管理的基本要求。只有维护档案完整与安全，才能维护党和国家的历史面貌，才能保证对档案的有效利用。

1. 维护档案的完整　维护档案的完整包括档案材料收集齐全和整理系统两方面：所谓收集齐全，是指凡有保存价值的档案，都要求尽量

收集齐全，不残缺，能反映出一个单位、一个系统、一个地区和整个国家社会活动的历史面貌。所谓整理系统，是指凡有保存价值的档案，必须按照它们的形成规律，系统地整理，维护档案的有机联系，不能人为地割裂分散，或凌乱堆放，要能全面、系统地反映出一个单位、系统、地区和整个国家从事社会活动的过程和本来面貌。

2. 维护档案的安全　维护档案的安全有两方面的含义：一方面是档案实体的安全，另一方面是档案内容的安全。档案实体安全，就是在档案管理过程中，要求尽力改善档案保管条件，采用科学的防护措施，使档案不受损坏，尽量延长档案的寿命。维护档案内容的安全，就是指档案在政治上、信息上的安全，要求对档案机密和需要控制使用的档案实行严格管理，确保机密档案不丢失、不泄密、不超范围扩散。

维护档案的完整与安全，是对整个档案工作的要求。从一定的意义上说，整个档案管理都是在进行维护档案的完整与安全的工作。维护档案的完整和安全不仅是档案保管工作的主要任务，也是档案收集、统计工作的重要任务之一，而档案整理和鉴定工作也直接有利于档案的完整与安全，档案的利用工作也必须在保证档案的完整与安全的条件下进行。由此可见，维护档案的完整与安全，是在档案工作中贯彻始终的一种要求。档案工作的一切管理原则、规章制度以至具体的技术处理工作，都必须贯彻这个要求。

3. 便于社会各方面的利用　档案能不能成为档案，还要看它是否能被社会各方面利用，只有达到这个标准，才能称之为合格的档案，而档案工作的核心是档案，自然也要以档案该性质为工作核心。可以说，档案工作都是以此为目的展开工作，并始终将这一思想贯穿在整个过程之中。

档案工作者只有牢记档案工作的根本目的，明确衡量档案工作成效的主要标准，才能较为妥善地处理档案工作内外关系中的各种矛盾，把档案工作做得更好。在档案工作基本原则中统一领导、分级管理是核心，没有统一领导、分级管理的组织保证就不会有档案的完整与安全，也就很难实现便于社会各方面利用的目的；维护档案的完整与安全是手段，便于社会各方面利用档案是目的，前者为后者提供保证和物质基础，而后者是前者的目的和方向。

综上所述，我国档案工作的基本原则，是一个辩证统一的有机整体，具有丰富的思想内容。它作为全部档案工作的最基本的原则，影响和决定着档案工作各个环节的一切具体原则和方法。在档案工作中，必须始终遵循这个基本原则，才能使档案工作正常地进行，健康地发展。

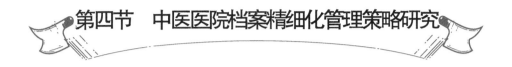

第四节 中医医院档案精细化管理策略研究

一、中医医院档案精细化管理的重要意义

精细化管理概念最早出现在 20 世纪 50 年代。精细化管理是建立在常规管理基础之上，通过最大限度地减少管理资源，降低管理成本，进而完成管理目标。精细化管理首先就要落实管理责任，将责任具体化。中医医院综合档案精细化管理就是要树立精细化管理理念，对医院综合档案管理目标进行细分，让医院综合档案管理目标能够有效地贯彻到每一个环节，进一步提升医院综合档案管理整体效能。医院综合档案精细化管理具有明显的方向性，在综合档案管理过程中要结合医院档案管理实际情况，按照精细化管理思路，找到医院综合档案管理的具体薄弱环节，进而对薄弱环节和关键问题背后原因进行梳理，并提出有针对性的措施。具体到医院综合档案管理层面，精细化管理要明确医院综合档案管理人员每一个岗位的具体责任，做到工作日结日清，对医院综合档案管理工作进行检查纠错，及时地发现问题。医院综合档案在精细化管理过程中要实现规范性和创新性的有机结合，对各个环节进行优化和完善，医院综合档案管理形成一个完整的体系。

医院综合档案是医院在学科建设、具体科研问题解决过程中形成的重要原始记录，从医院综合档案内容看，大致可以分为综合档案和参考性档案。这些档案资料对于医院医疗工作开展、教学工作开展、科研活动开展都起着至关重要的作用，因此，对医院综合档案进行精细化管理有其现实的必要性和紧迫性。同时，随着信息技术与医院综合档案精细化管理的深度融合，也进一步提升了医院综合档案精细化管理的可行性。随着医院综合档案管理的内外部环境变化，大量电子医院综合档案管理的出现以及新技术、新设备的引入，需要医院档案管理部门管理的综合档案越来越多，越来越复杂，如果医院在综合档案管理过程中没有按照精细化管理目标加以推进，很容易造成医院综合档案管理混乱，难以服务医院发展。新时期积极推进医院综合档案精细化管理具有其现实的必要性，通过大数据、云计算、大数据库等技术的综合运用，既能节省医院综合档案管理场地和成本，也能提升医院综合档案管理质量。

二、中医医院档案精细化管理应用框架设计

1. 顶层设计　包括系统化、标准化、精细化、信息化。

（1）系统化：党的二十大提出，坚持系统观念，把握事物本质发展原理。医院档案管理工作涉及部门多，应用范围广，本身就是一项系统性工作。首先，将精细化管理应用到医院档案管理中要建立系统意识，把握全局与局部、当下与长远的关系，既要保障眼下工作，也要兼顾未来发展；其次，要科学制定档案管理年度计划、中长期计划，优化整体系统与各子系统关系。通过建立档案工作领导小组、档案工作联席会议制度，明确各部门职责，加强档案管理部门与各业务科室沟通联系，提高整体工作效率。

（2）标准化：标准化、规范化是精细化管理的核心内容，也是档案管理工作的关键。医院要依托相关国家标准和行业要求，通过机制建设，建立完善的档案业务工作标准体系、档案信息处理标准体系、电子文件管理与数字档案馆建设标准体系，实现档案管理的标准化、规范化。针对未归档的档案，严格按照编码、分类、扫描、装订和归档的流程，及时归档整理，实现业务办结，同步实现档案电子化管理。对已归档的档案按业务类型分类、排序、装盒和入柜，并同步完善档案管理台账，提高借阅效率。按照"十防"标准，建设标准化档案室，科学配备电子监控、温湿控制、扫描仪、计算机、打印机、复印机、防磁柜以及

喷淋灭火等设备设施，确保档案的安全性、真实性。

（3）精细化：严谨细致、精益求精是精细化管理的宗旨和目的，也是医院档案管理的重要方面。医院要从设施建设、制度机制、现场管理以及人员管理等多方面入手，提高精细化管理水平。细化管理员岗位职责、档案借阅利用、档案整理编目和档案室消防安全制度，推行档案专人专管、定期检查，对档案目录、份数、页数、装盒和编号全面细化检查，准确统计各类档案库存、接收、销毁以及利用等，全面提高档案精细化管理水平。此外，还要对照最新管理规定，定期组织医院档案人员业务培训，提升人员素质，夯实精细化管理基础。

（4）信息化：推动医院档案信息化进程，不仅可以大幅提高效率，还有助于更好地实现精细化管理。医院要结合实际，加强相关软件、硬件设备设施投入，加快推进医院信息化建设，数字化扫描档案资料，科学分类、整理和保存，完善电子文件归档机制，优化电子档案管理流程，促进各类电子文件应归尽归，电子档案应收尽收。科学界定"双套制"保管范围，确保重要资料双重安全，逐步实现档案数据库增量电子化与存量数字化。还要进一步加强医院档案信息系统建设，对各类档案数字化管理，充分发挥档案信息资源在提高医院诊疗水平、医疗质量和深化医院改革中的重要作用，促进医院可持续高质量发展，为医院发展留下更多可查、可寻、可靠的历史记录。同时，还要积极运用"互联网＋"思维，进一步创新档案服务模式与服务方法，更好地服务患者，围绕医院中心工作、围绕临床一线，发挥医院档案更大的价值。

2. 模式架构　包括岗位职责、运行管理、开发利用、安全保障。

（1）明确岗位职责：精细化管理理论实际上是一种将管理责任具体化、明确化的管理模式。因此，进一步明确岗位职责，确保责任到人、工作到人以及人岗匹配就显得尤为关键。医院档案包括患者病历、医疗设备档案、科研课题档案、会计资料、人力资源档案以及工程档案等，数量多、分类细、专业性强、保管要求高，其收集、保管、整理、使用以及开发利用等对于管理人员也有着不同要求，医院要结合自身实际，科学设置档案岗位，坚持因需设岗、因岗选人，确保资源最优配置，最大化发挥人力资源价值。

（2）科学运行管理：科学运行管理是指在档案精细化管理中，要合理安排工作职责，规范流程，确保档案管理标准化、规范化，避免多头管理、交叉扯皮、效率低下等问题。要进一步加强过程管理，坚持"谁形成、谁立卷、谁整理"的原则，从源头夯实档案工作精细化基础，确保各类档案资料收集完整、齐全、准确。坚持制度管人、标准化办事，将精细化管理观念贯穿档案收集、整理、分类、保管和使用的全过程，确保精益求精，每个环节都严谨细致，不出问题。同时，还要坚持问题导向，全面开展档案管理工作自查自纠，对于在管理中出现的问题，建立工作台账，闭环整改落实到人，确保整改到位。

（3）抓好开发利用：开发利用是发挥档案价值的重要手段。医院要进一步加强档案目录的编排、档案内容的科学分类，有条件的医院可以依托互联网、大数据等，建立线上档案查询、预约等服务，整合档案信息资源，为医院科研、用户借阅提供更多便利。探索引入区块链、神经网络系统，打造医疗记录管理平台，实现患者病历、医疗记录的共建共享。要进一步提高档案部门协调服务能力，对于医院重大课题、重大项目，要安排档案人员配合，协助科研人员开展研究和实验，助力医院技术研发，提高医疗诊疗能力，并围绕医院历史文化禀赋、医德医风等，加强档案的编研开发利用，发挥资政育人、文化传播的作用，服务于医院高质量发展。

（4）保障档案安全：保障档案安全是精细化管理的底线。第一，要加强档案库房安全管理，加强防火、防盗管理，确保档案安全。电子档案室要配置恒定温湿度储存环境，建立硬件监测和软件防火墙、杀毒系统，并加强日常巡查管理，确保消防、防盗预警系统、电水线路以及机电设备设施等正常运行。第二，加强数字签章、数字签名管理，确保电子档案准确完整、不被篡改，保管、使用安全。第三，加强档案接收、使用安全管理，严格档案审核标准，统一档案制式，统一核定编号，对档案的接收严格把关，认真逐卷审查，确保归档文件材料完整、准确、系统，杜绝虚假材料、填写不规范材料入档，保证归档材料的真实性、可靠性、规范性和完整性。第四，加强对档案整理数字化外包公司的监督管理，与企业签订保密协议书，保障档案安全。第五，加强值班值守，严格落实领导带班、干部值班、保安 24 小时值守制度，确保档案馆的安全。

三、大数据环境下中医医院档案管理中存在的不足

中医医院是以医疗业务为中心的技术性事业单位，一直以来，医院普遍存在重医疗技术发展、重经济效益、重医疗质量而对医院档案管理比较忽略等现象

1. 缺乏完善的档案管理机制 新形势下档案管理工作的重要性已经凸显，但由于医院医疗质量占据主导地位，因此仍然存在没有完善的档案管理体系来推动档案管理规范化管理的现象。因为缺乏健全的管理机制，在对档案工作人员进行管理时主体责任不明确，遇到问题时经常出现相互推诿的情况。同时，对各部门的档案收集管理缺乏统一的管理制度，不能进行有效规范，不能针对各科的实际情况进行有效评估，导致档案工作人员岗位职责只有宏观层面的内容，微观方面欠缺，在档案精细化管理方面呈现不细化、不全面的现象。部分科室由于缺乏专门的档案人员设置，不能自觉参与内部管理，内控意识不强，难以实现有效的制衡与监督。

2. 缺乏先进的档案管理理念 随着大数据时代信息的爆炸性增长，传统的档案管理方法难以实现最优化的效能，进而影响档案精细化分析与引导的科学性。因此，档案工作者应当创新工作方法。由于医院中专业、高学历的档案管理人员普遍较少大部分档案管理员缺乏理论基础指导，档案建设的"外围理论"基础较为薄弱，尚未形成具有支撑功能的信息化档案知识理论构架，在日常档案管理工作中他们往往更倾向于通过实际经验来积累管理智慧，而非深入研究和创新管理理论。这使他们档案"核心理论"呈现碎片化的特征且缺乏档案系统理论建构，无法及时把握人工智能、物联网等技术在档案管理中的传播趋势，无法将先进的管理理念渗透到各个档案具体业务内容中去，导致档案管理产生明显的局限性。而先进的档案管理理念是实现档案管理提质增效的前提和基础，医院必须创新档案管理理念，对档案管理模式进行良好的改造，才能推动档案管理更好地适应时代的发展。

3. 高素质的档案人员缺乏，导致算法精细化与真实管理出现偏差 在实际应用中，大数据与人工智能背景下的档案精细化管理仍然存在盲区。

由于传统观念的束缚，导致很多医院忽视档案工作人员素质能力在医院档案管理建设和发展中的重要性。社会的不断发展对档案管理岗位人员的要求也越来越高，要求借助大数据挖掘技术和人工智能语义、音视频等技术，拓宽档案精细化管理渠道并丰富档案收集的来源。然而，目前很多医院的行政管理人员数量相对不足，很多时候通过兼职在一定周期内使用，缺乏系统的人员培训及人员经验能力的持续累积，业务能力不高、信息化管理水平相对低下等现象严重阻碍档案精细化管理的发展。

4. 缺乏智能化的管理模式　档案管理质量是衡量档案管理水平、档案工作人员核心能力、档案服务工作效果的重要内容。档案精细化管理强调要建立完善的档案质量控制和持续改进机制，不断提高档案管理质量。在大数据时代，基于微信公众号、微博等产生的档案信息，需要安全有效的智能管理模式实现对数据信息进行挖掘、研判，深入分析数据之间的相关性，能够实现对档案信息的系统性收集。为解决大数据形势下档案精细化管理所面临的挑战，必须更好地将档案管理实践引向深入，需要档案精细化管理模式的引导。然而，目前档案精细化管理模式众多，且尚无统一模式，如何构建一个适宜的档案管理模式，既能从理论高度有效指导档案管理工作人员，又能更系统性、条理性地开展档案管理工作，成为新的探索焦点。同时，档案信息化水平存在安全隐患。比如，有可能存在档案信息管理系统受到病毒攻击、泄密等隐患。

5. 对档案管理缺乏有效的智能化监督　随着档案事业的发展，档案管理在内部监督方面还需要进一步加强和完善。内部监督的全面性和监督力度存在不足，主要问题为自我监督持续性不强、自我监督不到位等问题。由于内部控制不完善，监督管理检查意识落后，医院往往在档案设备、设施上投入大量精力，却在执行过程中对政策落实不到位、执行力不足，致使档案管理内部隐患无法得到解决，不能切中要害，极大影响档案管理事业的建设发展。

四、中医医院档案精细化管理的具体措施

1. 健全档案信息化管理质控体系　档案管理质量控制执行的效果主要取决于自身管理意识和管理水平的提高，在档案精细化管理体系构

建中要充分宣传贯彻、全员参与，保障档案管理质量控制体系发挥最大效能。应坚持与时俱进的原则，不断提高档案管理的信息化水平，使其能够更好地适应时代发展，为医院发展提供可靠的信息服务。可定期组织召开档案管理专题办公会，对标对表上级档案管理部门对档案工作的要求，加强档案整改提升，让现代化档案管理理念注入医院档案管理体系，为档案精细化管理提供良好的环境。在强化档案管理质量控制意识的同时，要加强对档案精细化管理建设体系的宣贯工作，让每位员工认识到建立档案管理质量控制制度不仅是对其工作的要求，也是提升医院现代化管理的重要手段。同时，宣传部门应积极加大档案管理的宣传力度，加强对相关人员档案专业知识的培训，做好收集、整理的工作，使全院各层次工作人员充分意识到档案在医院发展建设中的重要作用，促进档案精细化管理的成功推进。

2. 完善规章制度建设　完善档案各项制度建设是治本之策、长远之举，也是推进档案精细化管理工作建设常态化、长效化的根本保障。因此，纵深推进档案精细化管理，必须把档案建章立制作为重点。要对已有的规章制度进行全面梳理，建立并完善档案信息化管理制度体系，如细化《大数据时代档案信息化工作制度》《档案"A1＋工作人员"岗位责任制》《电子文件材料归档制度》《档案智能化库房管理制度》《档案保密制度》《信息化档案借阅制度》《档案销毁制度》等制度，坚持"智能""完善"与"规范"相结合，充分运用人工智能的优势和学习算法进行倾向性分析，积极探索实践，建立健全行得通、做得实、科学完善且操作性强的制度机制。要坚持问题导向，认真梳理在档案管理过程中暴露出的突出问题和工作中的短板漏洞，进一步细化管控措施，补齐短板，夯实各项规章制度。以良好的机制驱动，形成制度激励约束，以制度建设激活档案管理干部队伍的精气神，确保档案精细化管理常态长效。

3. 加强档案综合型人才队伍和设施的建设　医院要将档案人员培养纳入医院人才培养计划，通过强基固本，强化人才能力建设，注重内部培训，不断提高档案工作人员在档案精细化管理中的知识和理念。一是优化提高档案管理人才效能。一方面，通过业务驱动支撑档案管理人才发展，确定精细化管理人才队伍建设目标，实现档案管理人才发展与医院发展的结构性协同及时序性协同；另一方面，引进优秀的档案信息化管理人才为构建良性互动的档案业务布局提供坚实的人才和智力支撑。二是引进档案管理高级人士满足档案精细化管理更为深入的管理需求，促进医院档案管理更加科学有效。三是加大内外部培训力度。将培训资源适度向档案管理的重要岗位倾斜，同时做到档案管理岗位的全覆盖，提升各部门档案管理专业的知识水平与技能水平，促进医院档案管理工作的高效运行。四是加强对档案信息化基础设施及设备的投入，配备必要的信息化数据采集设备，并对档案管理系统和软件进行及时更新。

4. 成立档案管理精细化质控工作小组　医院通过院科两级层级管理，积极推进全院相关的档案管理制度体系建设，进而达到专业、科学、高效、细致且个体化的精细化管理目的。全院设置档案管理质量管理监督小组，并进一步明确工作职责，统筹全院档案精细化管理工作；整合全院力量将档案管理质量责任落实到各科室，每个科室指定一名档案管理质控组长，在科室层面成立科室档案精细化质控工作小组。每个科室档案精细化质控工作小组负责把控科室内部档案质量管理工作，推动科室档案质控水平提升。进一步细化规章制度，建立档案管理质控小组成员的工作职责，定期在院内举办档案业务分层培训，进一步提升管理人员专业技术能力。严格按照制度执行，通过系列相关制度的出台、培训的实施等措施，促使档案的精细化管理工作得到规范有序地推行，从而助推档案的精细化管理。在此基础上，医院设立可行性档案管理智能化考核指标，开展档案质量管理规范自查自纠。每年年末进行检查评比，对各项考核数据指标进行整理，实现对数据信息的有效统计和分析，确保精细化质控管理成果常态长效。

5. 优化技术升级，创新档案质量控制监督信息化模式　医院要扎实开展档案管理质量控制工作，将数据库等信息化技术应用到档案质量控制管理中，及时实现档案质量控制管理数字化，为医院档案精细化管理提供坚实的基础。充分发挥质量控制信息化作为档案管理"保险锁"的功能，创新档案精细化管理质量控制模式。一是强化激励与考核机制。建立档案精细化管理责任制，进一步增强全体档案管理工作者意识，压实责任，强化对医院各项档案的管理。同时，配套相关的激励与考核机制，对一些复杂程度较大、处理难度较高的档案管理工作可纳入专项的激励，提高全院档案管理团队的工作积极性与主动性，提高档案精细化管理成效，实现医疗机构档案管理的提质增效。二是通过多元主体进行智能识别，进一步优化档案利用服务流程来提升档案管理。医院业务部门与档案部门加强协作，确保年度收发文件、记录、纪要、合同签订等文件建档完整、准确、真实，做到规范细致。三是充分运用信息背后的隐性关联，促进信息资源的传递及共享，使档案质量控制数据在医院发展中的价值有效体现出来。依托档案利用服务过程中的满意度测评信息化平台开展监督，抓取相关信息数据档案，对其进行"精准画像"，既可以发挥各部门档案管理工作人员的主观能动性，又可以调动全院各科室广泛参与的积极性，更好推动档案精细化管理的贯彻落实。

五、中医医院人事档案精细化管理的实践

中医医院档案管理实践

1. 电子化档案系统的建设与应用　在建设之前，需要深入了解中医医院的管理需求，明确系统的功能和特点，以确保系统能够满足医院的实际需求。设计系统的架构、模块和界面，制定数据库结构，确保系统的可扩展性和易用性。开发人员根据设计方案进行系统的编码和开发，并进行全面的测试，确保系统的稳定性和安全性。将纸质人事档案的信息进行电子化录入，建立系统的数据库。这包括员工的基本信息、教育背景、工作经验、培训记录等。通过系统可以快速查询和管理员工的档案信息，支持按照不同维度进行筛选和排序，方便人力资源部门和管理层进行管理和决策。将员工的工作绩效数据纳入电子档案系统，包括工作成果、项目参与、业绩指标等，为绩效评价提供依据。基于系统中的数据，进行员工的绩效评价，制定绩效激励政策。系统还可以生成绩效报告，用于员工与管理层的沟通。中医医院可以通过系统制定员工的培训计划，记录员工的培训历史和成绩，为员工的职业发展提供数据支持。系统可以设定不同层次的权限，确保只有授权人员可以查看和修改相关档案信息，保护员工隐私。通过数据加密技术，保障档案信息在传输和存储过程中的安全性，防止信息泄露和非法访问。通过电子档案系统可以进行数据分析。系统提供的数据分析报告可以为管理层的决策提供科学依据，帮助中医医院制定更合理的管理和发展策略。不同部门的人员可以共同使用系统，协同工作，共享员工的信息，促进跨部门的

合作与交流。员工也可以通过系统查询和更新自己的档案信息，提高信息的及时性和准确性。

2. 员工信息的准确录入与更新　员工信息的准确录入是电子化档案系统的基础。准确的员工信息能够确保档案的可信度，避免信息错误和混淆，为后续的管理和决策提供可靠数据基础。包括员工的姓名、性别、出生日期、联系方式等基本信息。这些信息对于员工的身份确认和联系是至关重要的。详细记录员工的教育背景、所学专业和工作经验。这些信息有助于匹配岗位和安排培训，确保员工能够在适合自己背景的岗位上发挥作用。记录员工的培训历史、培训内容和获得的证书。这些信息对于培训计划的制定和员工职业发展的支持至关重要。准确记录员工的绩效评价和晋升记录，包括工作成绩、项目参与情况等。这些数据是员工晋升和激励的重要依据。记录员工在不同岗位之间的变动和流动情况，包括岗位调整、部门变动等。这有助于跟踪员工的职业轨迹和个人发展。记录员工的离职和退休情况，包括离职原因和退休时间。员工信息需要定期更新和校验，确保信息的及时性和准确性。员工自己也可以参与信息的更新，保障数据的实时性。在录入和更新过程中，需要进行数据质量控制，确保信息的完整性和一致性。

3. 档案信息的隐私保护与安全性考虑　员工的个人信息包括身份证号、联系方式、薪资等敏感数据，需要得到充分的保护，以防止泄漏、滥用或非法使用，保障员工的隐私权。在数据传输过程中，采用加密技术确保数据在传输过程中不被窃取或篡改。SSL、TLS等加密协议可以用于保障数据传输的安全性。建立严格的访问权限体系，员工只能访问和修改与其工作相关的数据，确保数据不被未授权的人员访问。定期对系统的数据进行备份，以防止意外数据丢失。建立可靠的数据恢复机制，确保数据在遭受破坏或丢失时能够迅速恢复。限制系统管理员等特权人员的权限，防止其滥用权限获取员工敏感信息。建立审计日志系统，记录管理员的操作，以便追踪和监控。对于不必要的敏感信息，可以进行匿名化或脱敏处理，确保数据在分析和共享过程中无法还原为真实个人信息。建立系统的安全审计和监控机制，及时发现和应对潜在的安全风险。监控异常访问和操作，预防潜在的数据泄露。遵循相关隐私保护法规，确保系统建设和数据处理过程符合法规要求。向员工和管理人员进行数据安全和隐私保护的培训，增强他们的安全意识，避免意外的数据泄露。对系统进行定期的漏洞检测和安全评估，及时修复潜在的安全风险，确保系统的整体安全性。根据法律法规，及时向相关机构备案，确保系统的合法性。

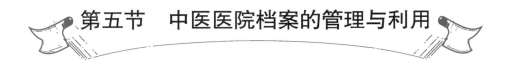

第五节　中医医院档案的管理与利用

　　档案管理是中医医院内部管理工作中的重要环节，直接关乎医院的稳定建设及发展。要想全面提升内部管理质量，加强不同管理环节之间的联系，医院需要以档案管理为切入点和出发点，关注不同档案管理策略和手段的分析及研究，以构建完善的档案管理体系为基础，更好地解决自身在发展以及运作中遇到的问题及困难。中医医院档案管理工作的难度系数相对偏高，因此医院需要加大对这一工作的投入和支持力度，解决档案管理工作的后顾之忧，为档案管理工作的创新以及改革做好前期的铺垫工作，确保档案管理能够为中医医院的改革创新和市场经营者提供助力。

一、中医医院档案管理与利用的意义

　　作为社会公共服务体系中的重要组成部分，医院的稳定运作不容忽略，中医医院的内部管理体制改革被提上日程。医院需要以档案管理为出发点，关注对档案管理策略和手段的有效改革及创新，充分彰显这一工作的重要优势。有学者在对中医医院档案管理以及利用现状进行分析时提出了以下观点。

　　1. 中医医院档案管理和灵活利用有助于提升医院的综合发展实力，确保中医医院在优化内部管理机制的过程中充分彰显自身的优势，真正实现稳定运作以及可持续发展，主动参与激烈的市场竞争，拓展自身的市场份额以及利润空间。

2. 良好的档案管理工作能够加强不同部门间的合作以及互动，改革传统的管理模式，促进内部管理工作的有效创新。医院只需要着眼于各个阶段的档案管理要求，在调整管理策略和管理手段的过程中，确保档案管理资源的合理配置，充分彰显宏观调节的作用以及价值，便能够获得更多的发展契机。

3. 在新的时代背景下，社会各界对医院的服务工作提出了较高的要求，如果能够以档案管理工作的创新以及改革为切入点，对提升服务质量和水平、满足受众的个性化发展需求将会起到重要的作用。医院需要做好前期的准备工作，了解新时代背景档案管理工作的新变动以及新要求，关注不同部门之间的合作以及共享。在打造全方位一体化的档案管理体系的基础上，确保档案管理工作能够大放异彩、重焕生机，为医院的内部资源共享以及高效管理提供更多的帮助和支持。

二、中医医院档案的管理与利用策略

综上所述，中医医院的档案管理以及利用对医院的发展有非常关键的影响。中医医院需要意识到这一工作的重要性和必要性，了解档案管理工作的核心及要点，在全面调整以及改进的基础上，将更多的新鲜血液融入其中，保障中医医院档案管理工作能够发挥相应的优势，综合提升中医医院的综合实力以及市场竞争力。

1. 构建完善的档案管理机制　档案管理工作的难度系数相对偏高，实践性、应用性和逻辑性比较明显，包含的管理要求和管理环节较为复杂及多元，因此档案管理技术的构建不容忽略。在改革以及创新发展的过程中，许多中医医院领导开始调整工作思路，意识到了档案管理工作的重要价值。着眼于档案工作的现实条件，将更多的时间和精力投入这一工作之中，确保档案管理工作人员能够发挥相应的作用。为了调动工作人员的积极性，中医医院根据整体管理系统的构建要求，将管理人员纳入其中，设置专职人员管理档案，结合档案室需求确保档案管理工作的顺利开展。有一部分中医医院的综合实力比较强，以综合管理体系的构建为依据，全面调整管理策略和管理手段，将现代化的管理资源融入其中，改进传统的管理模式。在医疗业务快速发展的过程中，医院的综合实力有了明显地提升，档案管理人员的增加速度越来越快。为了确保档案的统一管理，中医医院需要以档案室和图书室的成立为着力点，主动配置专职人员，关注对图书档案以及病案的有效调整和管理，充分体现这一工作的专业性以及针对性。医院领导者需要注意对不同影响要素的分析，了解档案管理工作的开展要求以及重要意义，抓住新时代背景下档案管理机制的构建要求，在全面调整以及优化改进的基础上，确保档案管理工作能够发挥应有的作用。

2. 始终坚持规范化管理和调整　为了避免出现方向上的偏差及失误，中医医院需要根据档案管理工作的现实情况，了解各类矛盾以及冲突出现的实际原因。中医医院需要始终规范化管理以及调整坚持这一重要的方向，建立健全内部管理机制，明确具体的工作规范及要求，加强对法律法规的分析以及研究。不同地区的经济发展实力有所区别，对医疗卫生事业的投入和支持力度差异较为显著，因此中医医院还需要注重对地区经济发展现状的分析，坚持实事求是的工作原则，了解档案材料的搜集、保管以及保密工作的相关要求，根据岗位人员配置情况加强对地区重要工作文件的分析及研究，明确自身的发展方向以及管理目标，真正调整工作思路，在规范化管理以及改进的基础上保障自身获得更多的竞争优势。同时，专业知识的学习以及宣传教育工作不容忽略，这一点对中医医院档案管理工作是一个较大的挑战和考验。管理工作人员需要始终站在宏观的角度，将更多的时代化元素融入其中，确保自身能够积累丰富的工作经验。积极主动学习国家的法律法规以及地方性的政策规章制度，进一步调整自身的工作行为，确保自身能够为档案管理工作的改革创新建言献策，全面促进档案管理工作的改革。

3. 全面提升服务质量和水平　中医医院档案管理是一项长期工作，包含的工作要求和标准较多并且非常严格。因此，中医医院需要关注对档案管理工作内容的分析及研究。以服务质量和服务水平的提升为切入点，为中医医院的档案管理工作做好前期的铺垫，中医医院的档案室工作人员应当主动结合自身的工作经验，为干部、职工以及院领导提供相应的服务。实质的档案资料查询次数越来越多，文书档案以及人事档案管理工作实现了全面的突破，这一点有助于全面发挥档案的重要作用及优势，保证档案管理服务工作获得服务对象的认可及支持。

中医医院档案管理实践

人事档案管理工作是医院档案管理中的重要组成部分，主要以干部的工作情况、思想品质、工作表现记载为核心，加强对干部的基本信息考察，为后期干部晋升提供依据，因此人事档案的历史凭证作用比较显著。医院管理工作人员需要关注对人事档案工作的进一步调整，了解目前的档案管理工作情况，在全面开发以及利用的过程中，为医院的稳定建设提供更多的服务以及帮助。档案室的工作人员需要主动配合相关的管理工作，深入剖析人事档案管理工作的具体规定，主动大胆地说出个人的不同意见和想法，确保服务质量及水平的进一步提高和提升。

文书档案则是医院在建设以及发展过程中的重要凭证和载体，医院的综合管理工作需要以此为基础，确保医院管理工作的科学发展，在查阅文书档案以及搜集相关资料的过程中对医院的发展历史有一个全面的认知，综合了解医院的发展历程。进而确保宏观发展目标的顺利实现；严格围绕规章制度，提升后期决策的针对性以及有效性，真正实现医院内部管理工作的规范化以及科学化发展。档案人员需要根据目前的档案管理现状，积极学习同行的优秀做法和经验，了解各项服务工作的开展要求，在提升档案服务质量和水平的同时实现与时俱进。

除此之外，专业技术档案管理工作也非常重要，这一工作是人事档案和文书档案的重要延伸及补充，有助于更好地体现这一工作的专业性和针对性。档案管理人员需要意识到自身的责任，了解各项管理工作的开展要求，在全面调整以及改进的同时能够为医院管理工作建言献策，这一点对工作人员自身的职业生涯发展以及中医医院的发展都有非常重要的影响。管理层则需要始终坚持宏观发展的战略目标，关心、支持医院档案工作，投入更多的时间和精力，保障中医医院档案管理工作能够一一落实并发挥相应的指导作用，进而全面提升中医医院的综合实力。

中医医院档案的管理以及利用难度相对偏高，是一项长期的工作，时间跨度较久，因此档案管理制度以及机制的构建和完善非常关键。在此前提下，医院需要始终坚持规范化管理以及调整，全面提升档案服务质量和服务水平，保障档案管理工作能够为医院的稳定建设做出相应的贡献。

第六节　中医医院档案管理现状及其规范化管理思考

一、中医档案的特点

1. 中医师的望、闻、问、切产生了中医档案　祖国医学与医药数千年来积累了许多的文献典籍。中医药的典籍信息蕴含着巨大的潜力，亟待与中医药相关的科研工作人员进行开发与利用。此外，中医学的发展历史悠久，源远流长，包含着极为丰富的哲学、文化、人文、思想以及道德方面的内容。古代祖国传统医学的演变史与现代医学演变史的累积，为现今中医医院档案的出现奠定了基础。从患者在中医医院与医务工作者接触的时刻起，中医师的望、闻、问、切的每个流程，由此便产生了中医医院档案管理的基本内容。医院档案囊括了现代化中医医院档案管理的演变史，为现今中医医院中文化建设方面的关键组成部分。

2. 范围广、内容极其丰富　中医档案包括散存于民间的中医典籍、医药学家资料、名医处方、名家医案、动植物药材标本、民间特色疗法、民族医药特色疗法、口述档案、民间处方、医家个人医术经验、民间医药史料等，范围广、内容极其丰富。这些中医档案具有历史佐证价值、科学研究价值、社会价值、经济价值。因此，应对其加以收集整理和归档，从而丰富和完善中医档案的内涵。

3. 中医档案是中医医院发展不可或缺的一部分　加强中医医院档案建设，是增强中医药服务能力，促进中医药事业发展的基本保障之一。把坚持中西医并重方针作为指导思想，并强调要落实中医药扶持政策，在投入政策上要向中医医院予以倾斜。新医学模式与中医药学不谋而合，疾病变化呼唤中医药发展，增强对中医药需求不断上升，这使得中医医院发展迎来前所未有的机遇，对于中医医院档案管理工作而言，也是一个极好的发展契机。作为医院发展不可或缺的医院档案管理工作，要紧跟时代步伐，充分认识和把握新形势，主动把医院档案管理的发展融入国家卫生事业的大局。

4. 突出中医档案特色　加强与临床一线互动，特别是在管理经费紧张、档案信息量大的情况下，以提高中医药临床疗效为核心，以加强内涵建设与能力为重点，统一规划，合理统筹，着重保证重点学科、重点专科和特色科室档案资料的系统性。中医医院档案室可以根据自身实际情况，充分发挥中医药所具有的医疗与科研创新潜力，促进中医药的传统与创新，构建有中医药特色的信息空间，突出中医档案特色。通过资源共享、互借等形式充分利用中医档案的文献资源，实现档案管理存储、处理和检索的便捷性。

5. 为中医医院发展提供科学依据　中医医院承担着医疗、教学与科研等多重任务，是高学历、高科技人才的聚集地。档案作为原始记录，具有广泛的社会作用，是工作实践的真实记载，也是各部门今后工作顺利开展和延续，以及发展决策的重要依据。在中医医院管理工作中，档案管理有着举足轻重的作用，它不仅见证中医医院发展的历史，而且是提高医疗服务质量，促进中医医院发展的基础工作。中医医院的管理水平，特别是临床诊断、治疗水平的提高，一方面靠医务工作者业务的提高和工作经验的积累。另一方面就是取决于临床及各类档案资料的齐全与完整。中医医院要在管理上有所作为，就需要对中医医院发展历史和现状有一个比较清楚地了解，这就要利用档案资料来了解过去的工作，从档案记录中分析中医医院发展轨迹，为中医医院新一轮发展提供科学的依据。

二、中医医院档案建设的现状

1. 对档案管理工作不重视　在部分中医医院领导眼里，档案工作并不重要，甚至是可有可无的，他们把重点放在了医院经济效益上面，对医院资料的完整性并没有引起过多的重视。对中医医院的档案管理工作进行进一步的加强，不仅可以使医院领导所做的决策更加科学化、系统化；还可以使医疗质量得到提升，使医疗技术得到更新，在医院开展新业务、新技术的时候能够得到更加真实、可靠的科学依据；对医院的设备管理起到了帮助的作用，使医疗设备的利用效果得到了保障；在形成医学科研成果和对医学技术的推广应用的过程中起到了帮助作用，使临床科研与学术活动能够更好地开展。尤其是中医医院的要求中除了要掌握最前沿的医学知识之外，还要利用信息化的方式来对中医古籍进行管理，使医学知识得到更好的传承。

2. 落后的档案管理体制，缺少健全的档案管理网络　一直以来，我国中医医院的档案管理受到了医院行业管理要求的限制，在管理模式上显得比较传统、封闭和松散，一般都会在医院行政办公室设立一个专门的综合档案室来对档案进行存储，一般只对文书类档案、音像档案等进行管理，而像 X 线胶片档案、病理切片档案等都由各业务部门进行管理。并且在进行收集、检索的时候一般都是采用手工收集的方式，导致信息量相对较小，对档案的收集十分的不利，更加影响了档案的利用和开发。各部门之间没有建立一套流畅的沟通机制，导致部门之间的信息流动受到阻碍。医院各科只对各科自己的档案资料进行存档管理，没有建立档案管理网络来对医院的档案进行统一的管理，使档案信息无法在各科室之间得到共享，对医院档案的计算机系统管理起到了很大的影响作用。

3. 没有建立健全的档案管理制度，导致档案收集效率低　目前为止，许多中医医院没有建立清晰的要求来对档案管理的内容做出限制，在对档案进行管理的时候也没有采用统一的管理标准和方法，更没有制定制度来对立卷归档进行统一的管理，许多医院在进行管理的时候往往依据自己的理解和实践来展开，这导致许多档案没有及时被纳入管理。除此之外，医院在进行目标管理考核的时候，目标考核的内容往往没有将档案管理纳入其中，导致档案收集的效率低下，所收集的档案不齐全。

4. 档案管理人员年龄普遍偏大，非专业化　因为中医医院没有像重视其他重要部门一样来重视档案管理的工作，而且，档案工作的内容相比其他工作更加烦琐，所以领导在选择员工的时候一般都会偏向年龄大一点的来任职，导致档案管理人员老龄化的情况越来越严重。这将会

中医医院档案管理实践

导致管理人员断档，不能很好地完成工作的衔接，没有很好的转接能力，有的甚至连计算机都不会使用，更加不会利用计算机来进行建档工作。目前为止，一般都是由办公室人员来担任中医医院的档案管理工作，并没有聘请专业人士来专门负责档案管理的工作，而且这些机关工作人员都是由临床一线转过来的，并不是出身于专科班，也不是专门从事档案管理工作的人员，他们在开展工作的时候，大多都是以自己以往的工作经验为主，没有受过专业的培训，他们所掌握的知识过于陈旧，跟不上现代的步伐，没有相对比较专业的档案管理队伍，在工作上也没有什么特色，使得工作效率越来越低，没有使平台得到最大地利用。

5. 低质量的档案回收　我们发现在医院对病案进行归档的时候，经常会出现病案内容书写不够完整，缺失资料项目的情况，有些病历的字迹过于潦草，使人难以认清。许多档案没有按照规定时间进行归档处理。

三、中医医院档案规范化管理

1. 中医档案要纳入中医医院发展规划　加强中医医院档案管理工作，改变传统医院档案工作的模式，按照国家建好用好档案，提高管理水平的要求，大力推进中医医院档案管理。围绕服务中医传承，将中医医院档案管理，提到中医医院发展的议事日程，要纳入中医医院发展规划，同时必须体现中医档案的核心理念。医院档案是医院自主拥有的宝贵财富，尤其是老中医、老专家疾病诊治相关档案更是中医医院战略资源。要通过系统搭建以档案为载体的中医医院战略资源平台，充分发挥档案管理专业特长，建好和用好资源型档案。一所有着优秀文化的医院，是这所医院长期以来坚持完善制度的积累结果。根据《档案法》《卫生档案管理办法》等有关法律法规，结合中医医院档案工作实际，逐步完善档案管理的收集、整理、归档、保管、借阅、移交、保密、销毁及库房管理等各项规章制度，使档案工作的每个环节的运行都有章可循，都有明确的要求和制度的约束。并将医院各个门类、不同载体的档案统一管理，统一考核，使档案管理与绩效管理同步考核评价。医院档案是提高医院综合竞争力的核心，在医疗、教学、科研等各项工作全面发展的同时做好档案的管理工作，档案管理工作又必须充分体现中医医院文化的精髓，档案管理必须紧跟中医医院发展的步伐。中医医院的档案管理建设必须提到医院建设的议事日程，要纳入中医医院发展规划，档案管理意识也要从医院工作后台向前台延伸，要主动服务于中医发展，紧跟时代步伐。

2. 服务临床一线　为临床和医学科研发展服务是档案工作的中心任务，其服务功能只有融入临床一线，才能体现档案管理的意义。中医医院档案管理要确立服务方向，提供有针对性、时效性的档案信息服务。档案管理工作的核心就是为医学科研进步与临床提供服务，在临床基层中融入档案管理的功能，才可体现其工作的价值。在中医医院档案管理的进步与发展过程中，人是最重要的因素，档案管理部门的各项工作是否能够高效进行与素质优秀的档案管理工作人才紧密相关。中医医院档案管理人员的整体素养以及人员结构能否满足现代化的管理需求，对中医医院档案管理的发展起到关键的作用。中医医院应当注重以人为本的思想，挑选专业的档案管理人才，除了具有过硬的现代化档案管理技能，还应具有优秀的祖国医学文化素养，改善中医医院档案管理的服务质量。医院应当高度重视中医档案管理，关注档案管理体系的变革，切实执行档案管理的各项工作职责，解决医院档案管理中存在的问题，服务临床一线，做好档案的收集、整理与保护工作。

3. 服务中医传承　中医档案是中医医院的原始记录，是宝贵的资料。医院运行过程中档案工作要服务好中医传承。在过去数千年的发展过程中，中医学形成了师徒授受、本家传承和自学成才等传承模式。其中，师带徒是中医学传承的一种比较成熟的模式。老中医通过口传心授，将中医的基本理论、临床疗效和医疗技能传承给徒弟，使其可以尽早接触中医经典和切脉、针灸等实际技能。徒弟在给患者把脉、抄方侍诊中，可以及时了解老师的思维方式、治病用药方法及各种脉象的细微差异，在临床实践中继承老师的医术并不断增强徒弟的从医信念。历代中医大家都是在学习、继承前人的基础上，悟出新意、不断发挥创新而有所成就的。传统中医师徒授受的传承模式受到了现行教育和医疗制度的限制而逐渐消亡。传统的中医教育变为单一的院校培养模式，如统一教材、统一学术观点、统一教育模式等，其结果则离传统文化、传统中医越走越远。中医学生接触医学实践较晚，理论基础薄弱，进入临床晚，实践机会少，临床经验欠缺，很多中医学生毕业后仍不知道如何看病处方。中医医院的老中医虽然在诊疗时医院会派有实习医生抄方，但彼此没有建立长期的师徒关系，且实习生流动性过大，使得很多老中医、老专家的经验面临失传的危险。中医传承为中医医院档案管理创新提供了空间。在现代信息技术的条件下，已经具备了中医诊疗数字化的条件。中医对患者病情的把脉和诊断即对患者病情的真实情况，除了老中医对患者的描述性记载外，还可以通过当代的诊疗技术来补充。实习生可以通过数字化抄方把老中医、老专家的中医的基本理论、临床疗效和医疗技能记载下来，形成老中医数字化诊疗档案。系统地构建老中医、老专家数字化诊疗档案体系，并加以系统开发利用，是解决当前老中医、老专家的经验失传问题的重要途径。医院档案信息资源开发利用要跟上新时期发展的需要，中医医院的发展是在继承中创新，在发展中传承，是循序渐进不可分割的。中医档案大多需从民间征集而得。对收集到的中医档案进行科学归档。

4. 中医档案是中医医院重要的技术宝库　在医院的管理中，档案管理是重要的信息资源。随着档案开放面的扩大和利用率的提高，档案信息的需求量也越来越大，特别是名医处方、名家医案。中医档案是我国拥有自主知识产权的医学，其药物资源与治疗方法极其丰富，而且中医医院承担着数十项乃至数百项国家级、省部级、市级等重大的科研项目，科技信息非常丰富。有的医院拥有几十至几百首院内协定处方，是医院重要的技术宝库。医院的医疗业务档案是医疗科研活动的产物和真实记录，我们在利用与开发档案的同时对知识产权的保护要引起重视，做好合理利用与有效保密。要在管理和技术上采取措施，力求信息管理的安全性，尤其是机密档案应建立保密制度，确保档案不丢失、不泄密。主动到医疗、教学、科研一线宣传保密制度与知识产权保护意识，引起大家的重视。

中医医院档案管理工作是一项系统工程，对医院的发展至关重要。档案管理是中医医院管理工作中不可或缺的一部分，必须紧跟中医药发展的步伐。中医档案不仅关系到广大人民群众的生命、健康及福祉，而且还关系到医院的决策、规划和发展。走一条符合现代档案管理发展模式，又切实可行的创新之路，不断推进中医学的传承与发展。

第七节 中医医院档案管理的创新与应用

一、数字化时代中医医院档案管理创新的必要性

中医医院数字化档案管理主要是指在保证档案原件与档案数据真实性的基础上，借助计算机硬件功能与软件功能，对档案进行数字化处理的管理模式，这一方式能够有效促进医院档案信息资源作用的充分发挥。此外，中医医院数字化档案管理的必要性，还表现在以下几方面：一是推动资源共享，中医医院档案作为医院各项管理活动的数据支撑，档案信息资源的共享性对各项管理活动的质量具有重要影响，在传统的中医医院档案管理中，工作人员查找档案资料的难度较高，使得中医医院档案存在使用率偏低的问题，对医院领导层决策完整性与准确性的提升产生不良影响。而借助信息技术实现中医医院档案的数字化管理，提高了中医医院档案数据资源的共享性，同时极大地提高了数据信息资源获取的方便度，对管理工作效率的提高创造了条件；二是数据档案保存的需要，档案作为各项管理工作展开的数据支撑，其真实性与完整性对中医医院的管理质量具有重要影响，在传统的档案管理中，对人工的依赖度较高，极易受到主观因素的影响，使得档案收集与整理存在一定的问题，加上以纸质为媒介的档案管理形式，在数量上受到较多的限制，同时纸质档案的管理本身具有一定的难度，对档案管理的质量产生不良影响。数字化档案管理相较于传统档案管理形式而言，受到空间与时间的限制较少，不仅能够有效提高档案管理的效率，对档案使用率的提升亦具有良好的推动作用。

二、中医医院数字化档案管理的具体化应用

中医医院数字化档案管理的具体化应用，主要表现在以下几方面：一是纸质档案的数字化管理。针对纸质档案的数字化处理，更多采用的光电扫描的方式，先将纸质档案扫描为图像文件，再在计算机中进行保存处理。但是，光电扫描无法对扫描的图像进行适当的优化，由此档案多以原始形式保存，对此，在实际的管理过程中，工作人员应当明悉图像文件会占据较多的空间，一般只用于珍贵档案的数字化处理，以节约内存空间。此外，针对纸质档案的数字化处理还可以借助拍照的形式完成，其具有操作简单且清晰度较高的特点，在实际的档案管理过程中，相关工作人员可以结合实际情况自行选择最为恰当的方式。同时，档案管理人员在工作过程中，应当避免原始档案因装订与扫描而造成的损坏。由于数字化处理所得的档案数据大小与原始文件存在一定的差异，工作人员在上传时，应当对数据进行适当的处理；二是特种载体档案的数字化处理。特种载体档案主要是指照片和声像等档案，一般而言，照片档案的数字化处理方式，主要包括扫描处理和数码处理。扫描处理主要是指运用扫描仪对纸质照片进行扫描处理，之后再进行存储。数码照片主要是指借助数码相机对档案进行翻拍，通过这种方式能够实现对档案图像的完全获取。对实物档案管理也应当进行数码保存；三是电子病历的数字化处理，在中医医院档案管理中，患者病历在档案的比例中最大，工作人员在处理病历档案时，应当做好数字档案与电子病历的实时传输，并在当地档案多采用录像录音的方式进行处理，由于声像档案的容量较大，对此，在实际的数字化处理过程中，档案管理人员应当对其进行压缩处理，并完善挂接工作，以方便数字文件的调用点播做好备份，以保证电子病历的安全性与完整性。一般而言，需备份处理的档案主要包括医院信息、电子病历以及影像视频等内容，由于其容量较大且重要性较高，备份载体包应当分开创建。

第二章　中医医院档案管理概述

三、数字化时代中医医院档案管理的所存问题

数字化时代中医医院档案管理的所存问题，主要表现在以下几方面：一是信息准确度偏低，在传统的档案管理模式中，由于重视程度偏弱、档案管理规范度偏低等因素的影响，档案信息的收集、记录以及传递存在规范度偏低的状况，使得中医医院档案管理存在信息完整度偏低、真实性不高等方面的问题，这给中医医院数字化档案管理价值的实现带来一定的阻碍，对中医医院管理质量的提升产生了一定的不良影响。此外，在传统的档案管理过程中，中医医院记录信息的方式较为落后，部分档案管理人员习惯了传统的信息整理模式，一时难以适应数字化的档案管理模式，进而对中医医院档案数字化管理的质量产生不良影响；二是对数字化管理认识不足，在传统的档案管理中，中医医院对档案管理的重视程度较弱，并未充分认识到档案管理的重要性，将档案管理局限于档案的保护与存放上，并未充分认识到档案管理的最终价值在于推动档案价值的充分发挥，在这一管理理念下，使得中医医院档案管理的数字化发展面临较多的限制；三是管理模式落后，数字化档案管理模式的构建对管理人员和管理体系皆具有较高的要求，但由于传统管理模式的长久影响，使得中医医院存在管理人才缺失或管理人员能力不足等方面的问题，再加之培养体系的缺失，使得部分档案管理工作人员的成长机会较少，进而对数字化档案管理的推进产生不良影响；四是管理机制陈旧，在传统的档案管理模式中，档案管理工作的侧重点在于档案信息的收集、整理以及储存，管理机制同样侧重于以人工为导向的信息收集、整理以及保存工作的管控，但是，在数字化时代，中医医院档案管理的工作模式与侧重点发生了较大的变化，相较于传统的档案管理而言，对人工的依赖度有所降低，但是，对档案管理人员的职业技能与工作规范等提出了更高的要求，在此背景下，传统档案管理模式下的管理机制难以适应数字化档案管理的需要，使得数字化档案管理仍存在工作规范度偏低与有效性较低等方面的问题；五是安全管控滞后，在传统档案管理中，档案多以纸质文件的形式出现，安全管控依赖于管理人员的职业能力，但是，数字化档案管理中，档案资料的呈现方式逐渐多样，

相较于传统的档案管理而言安全系数更高，安全隐患亦有所变化集中体现在黑客攻击、系统崩坏等方面，极易导致档案文件丢失的问题出现，但是，在实际的安全管理过程中，中医医院对安全维护管理的重视程度偏弱，对档案管理系统的维护力度不足，在一定程度上增加了档案安全管理的风险。

四、数字化时代中医医院档案管理的特征

数字化时代中医医院档案管理的特征，主要包括以下几方面：一是综合性，医院档案管理的综合性特点主要体现在医院档案的分类来源于多方面。医院档案主要由医院办公室下属的综合档案室管理。各业务部门定期上交部门档案，档案内容涵盖医院人事、财务、科研、党务、基建等方面。从档案资料来源看，除了上级下发的各种行政文件、政策性文件、党务文件、指导性文件外，还包括各业务部门往来的文件。二是专业性，医院档案管理的专业特点主要体现在档案管理的内容上。医院以医疗工作为主，工作中产生的专业档案是医院档案主体的客观反映。基于医疗工作专业技术性强的特点，相关档案专业性也很强，如医学研究、医院未来发展规划以及医院在不同时期制定的各项制度等，都具有非常鲜明的专业特点。三是阶段性，医院的行政管理涉及方方面面，许多科室设置了不同的行政职责。另外，医院由各个不同的科室组成，因此产生的档案有一定的分散性。为保证医院各业务部门提供档案的连续性，其间形成的资料应定期报送综合档案室。特别是一些医院的大事记资料要及时送到综合办公室保存，以免数据丢失。在保持档案资料连续性的同时，还要对产生的各类文件资料进行系统管理，确保档案的完整性。综合档案室对医院档案的整理一般为半年或一年。四是保密性，医院档案收集整理的目的，不仅是为了保存这些资料，而且是为了提供各种服务，有效利用和提高档案的社会价值。医院档案的专业性决定了档案的保密性。虽然医院对档案实施了信息管理，建立了共享平台，但仍需对不同类型的档案设置保密等级。由于医院档案开放程度有限，不能提供更深层次的社会服务，而仅限于医院工作人员的使用。五是数字化，在数字化时代，传统的档案管理模式的实效性、完整性以及共享性

第二章 中医医院档案管理概述

等方面皆有所欠缺，借助网络对档案进行管理，有效促进了档案管理效率的提高。

五、数字化时代中医医院档案管理的优化路径

    1. 构建数字化档案管理制度　在传统的档案管理过程中，中医医院主要采用纸质方式对档案进行管理，相较于数字化档案管理而言，不易出现信息删改与丢失等方面的问题，且不需要定期对信息系统进行更新维护，由此可见，两者在管理模式与管理内容上存在较大的差异，为强化管理人员对中医医院数字化档案管理的适应性，相关工作人员应当格外注意以下几方面：一是优化档案的收集工作，档案收集与整理作为数字化档案管理的基础性工作，亦是数字化档案管理价值发挥的核心所在，对档案管理的质量具有直接影响。对此，在落实数字化档案管理的过程中，应当对电子档案的保存、分类以及归档等一系列流程进行严格规定，以促进档案信息完整性与真实性的提升。二是权责的划分，中医医院应当对档案管理工作人员的权责范围进行严格划分，并通过强化部门沟通的方式，为档案价值的充分发挥创造条件。三是监督机制，通过完善档案管理监督机制的方式，约束数字化档案管理人员的工作行为，一方面保证数字化档案管理工作的顺利落实，一方面为数字化档案管理质量的提升创造条件。四是考核机制优化，中医医院应当定期或不定期对档案管理人员的工作能力、工作表现、工作态度以及工作结果等各方面进行考核，并对能力不达标的档案管理人员及时进行培训，一方面提升档案管理人员对数字化档案管理工作的重视程度，一方面能够推动档案管理人员工作能力的提升，为数字化档案管理的进一步优化提供人才支撑。

    2. 强化数字化档案安全管理　数字化档案管理相较于传统档案管理而言，对计算机网络的依赖度更高，在网络安全问题日渐严重的背景下，数字化档案管理中安全管理的重要性日渐突出。对此，在优化安全管理的过程中，应当注意以下几方面：一是优化防火墙构筑，中医医院应当借助特殊防火墙对档案管理系统进行保护，以通过设置访问权限的方式，保护中医医院数字档案的安全性；二是访问权限的限制，针对可

访问的电子档案，相关工作人员应当在上面加注水印，并限制访问，以避免资料外泄的问题出现；三是有效期的设置，应当对账户的有效期进行限制，超过有效期的账户需重新登录，以保证档案的安全性；四是系统升级，在社会环境不断变化的背景下，档案管理系统面临各类冲击，对此，相关工作人员应当对信息管理系统进行及时更新保护，以保证档案管理系统具有较高的安全性。五是管理机制，中医医院应当完善相应的安全管理机制，旨在为安全管理工作的落实提供重要保障，同时，还能推动数字化档案安全管理各项工作的顺利运转，为数字化档案管理系统安全性的提升创造条件。

3. 优化数字化档案管理内部运转　档案管理的内部运转情况，对中医医院档案管理的数字化发展具有重要影响。对此，在优化内部运转的过程中，应当注意以下几方面：一是人才队伍建设，在数字化时代，中医医院档案管理人员不仅要具备档案管理的专业知识和计算机实际操作能力，还要有良好的协调能力，为医院提高医疗服务质量提供有力的档案信息支持。因此，要加强中医医院档案管理队伍建设，定期开展各项业务培训，采取"请进来、走出去"的方式，提高档案管理人员的业务素质和综合能力，更好地满足岗位工作的需要。此外，传统的档案管理模式也有许多值得保存和借鉴的地方。在档案管理数字化转型过程中，要有选择地甄别、提炼精华、去糟粕，不断完善医院档案管理体系，更好地促进中医医院档案管理水平的提高。二是强化管理意识，相关人员强化对数字化档案管理的重视，加快建立和完善中医医院档案管理制度，充分认识中医医院档案管理的重要性，更好地激发员工的创新精神和敬业精神，不断探索中医医院档案管理的新途径、新方法。另外，传统的医院档案管理模式已不能适应新形势下中医医院档案管理的要求。因此，中医医院档案管理人员应增强数字化资源管理的意识，进一步建立和完善数字化中医医院档案管理系统。

综上所述，在数字化时代的背景下，档案管理效率与质量的提升成为中医医院的重点关注对象。对此，中医医院应当顺应数字化时代的发展变化，借助信息技术搭建档案管理系统，为档案管理的信息化发展创造条件，通过完善管理模式与管理内容的方式，促进数字化档案管理质量的提高。

第二章　中医医院档案管理概述

第三章　中医医院档案信息化管理

第一节　中医医院信息化概述

"信息化"一词自从 20 世纪 60 年代问世以来，经过数十年的发展，已经成为一个最具时代特征的概念。人们对信息化概念的理解也在不断地争论和实践过程中，得到了深化。

一、医院信息化的定义

信息化（informatization）技术是基于现代通信、网络和数据库技术，培育和发展以计算机智能工具为主的新生产力，并使之能造福社会的历史过程，它也是将所研究对象各要素汇总至数据库，用于辅助人类的工作、生活、学习、研究等的一种技术。

一般来说，它必须具备信息采集、信息传输、信息处理、信息再生和信息利用等功能。与智能工具相适应的生产力称为信息生产力，智能生产工具不同于用于生产的工具，它们不是孤立和分散的东西，而是一个大规模的、自上而下的、有组织的信息网络系统。

《2006—2020 年国家信息化发展战略》指出："信息化是充分利用信息技术，开发利用信息资源，促进信息交流和知识共享，提高经济增长质量，推动经济社会发展转型的历史进程。"根据以上定义，可将信息化简单归纳总结为下列几点：①信息化是经过长时间积累发展而来的。②信息化需要将现代科学技术作为支撑。③信息化的目的是开发利用信息资源，提高经济增长质量，提高社会生产力。④信息化的最终目标是推动经济社会发展转型。⑤信息化是衡量一个国家现代化水平和综合国力的重要标志之一。

医院信息化是指医院医疗服务的数字化、电子化、网络化。它指的是采用计算机软件技术、网络通信技术、数据库技术，收集、存储、处理、分析患者信息，供医院各部门管理使用，实现医院内外信息资源的共享和开发利用。信息化不仅提高了医务人员的工作效率，使他们有更多的时间为患者服务，而且提高了患者的满意度和信任度，提高了医疗质量和医疗体验，无形中树立了医院的形象。

二、中医医院信息化建设的目标

中医医院信息化建设的目标是综合运用先进的信息技术，以患者为中心，以中医电子病历建设为核心，以中医医院管理为导向，构建中医药特色鲜明、技术平台先进、服务管理规范、系统安全高效、信息互联互通的智慧型中医医院。

根据国家中医药管理局 2019 年 3 月发行的《中医医院信息化建设基本规范（修订）（征求意见稿）》，对中医医院信息化建设目标提出了以下要求。

1.（第三条）中医医院信息化建设应遵循整体规划、分步实施、规范标准、资源共享、安全可控、实用高效的原则。

2.（第四条）中医医院应充分利用云计算、大数据、物联网、移动互联网、人工智能等新兴信息技术，深化中医药服务与互联网融合发展，优化中医医疗服务流程，创新中医医疗服务模式，推进中医医疗远程服务，提升便民服务能力，促进中医药健康大数据应用和共享。

3.（第五条）中医医院应持续推进以中医电子病历为核心的医院信息化建设，建立健全长效工作机制，不断加强中医临床诊疗决策支持功能的实现，强化诊疗权限管理、质量控制和评价，改善就医体验，推进系统整合和互联互通，加强中医电子病历信息化水平分级评价，确保中医电子病历信息化建设运行安全。

4.（第六条）中医医院应积极推进互联网中医医院、互联网中医医疗服务和远程中医医疗服务的发展，积极开展"互联网＋医疗健康"便民惠民活动，充分发挥互联网和远程中医医疗服务作用，提高中医药服务效率，优化中医药资源配置，促进优质中医药资源下沉，推进区域中医药资源整合共享，提高中医药服务能力和水平。

5.（第七条）中医医院应加快推动中医药健康大数据的应用，在保障公民知情权、使用权和个人隐私的基础上，深化中医药健康大数据的开发利用和共享开放，同时加强中医药健康大数据的标准管理、安全管理和服务管理，探索中医药服务新模式，培育中医药服务新业态。

6.（第八条）中医医院应充分发挥信息系统对医联体的支撑作用，结合区域人口健康信息平台，统筹推进医联体相关医院管理、医疗服务等信息平台建设，实现电子健康档案和中医电子病历的连续记录和信息共享，实现医联体内诊疗信息互联互通。

7.（第三十九条）中医医院应积极开展基于中医电子病历的医院信息平台建设，突出中医药特色，实现医院内部和区域之间信息资源的高效统一、系统整合、互联互通、信息共享。

8.（第四十条）基于中医电子病历的医院信息平台是以患者中医电子病历的信息采集、存储和集中管理为基础，连接中医临床信息系统和管理信息系统的医疗信息共享和业务协作平台，是医院内不同业务系统之间实现统一集成、资源整合和高效运转的基础和载体，也是区域跨机构医疗信息共享和业务协同服务的重要环节。

三、中医医院信息化建设背景

在经济全球化和社会信息化的进程中，随着信息技术不断进步，社会逐渐朝着信息化、网络化的方向发展。信息技术对医疗行业亦产生了极为重要的影响。中医医院采用大型数字化医疗设备，以推广各类医院管理信息系统和医疗临床信息系统。中医医院开始以患者为中心对医院信息化进行规划、建设与发展，使医院的管理和医疗服务水平得到全面提升。

中医医院档案管理实践

（一）医药卫生和中医药事业发展对加快中医医院信息化提出了要求

《中华人民共和国中医药条例》明确规定，要积极利用现代科学技术，促进中医药理论和实践的发展，推进中医药现代化。中医药科学研究应当注重运用传统方法和现代方法结合开展中医药基础理论研究和临床研究。国务院医药卫生体制改革方案将医院信息系统列为"四梁八柱"当中的"八柱"之一，提出建立实用共享的医药卫生信息系统，大力推进医药卫生信息化建设。随着我国新型医药体制改革的深入，医药卫生行业的信息化将得到快速发展。

（二）信息技术飞速发展为推进中医医院信息化奠定了基础

信息化是世界经济社会发展的主流，信息技术不仅是一门多学科交叉的综合技术，也是实现医药卫生事业现代化的重要技术支撑。信息技术可以促进中医医院各项改革措施的实施，深化中医医院改革。信息技术日益成为提高中医医院科学管理水平、医疗服务质量和医疗工作效率的有力手段。加快信息化建设是深化中医医院改革、促进中医药事业发展的必然要求。

四、中医医院信息化发展阶段及其特征

按照医院信息系统功能，可将中医医院信息化建设划分为三个发展阶段：医院管理信息系统（HMIS）建设阶段、医院临床信息系统（HCIS）建设阶段和区域医疗卫生服务系统（GMIS）建设阶段。

（一）医院管理信息系统建设阶段

医院管理信息系统（hospital man‐agement Information system，HMIS）是建设医院信息化的第一个阶段，也是现代医院信息化必备的

基础技术环境。以医院为单位的 HMIS 要求全院各部门之间实现各类信息的互通共享。对于医护人员来说，HMIS 强大的交互功能可使医护人员更好地为患者提供服务，改善患者的护理质量，减少患者就诊混乱的状况，提高医务人员的工作效率；而对于医院后勤管理人员来说，模块化的医院管理系统对医院管理起到了提高效率、降低消耗的作用，在建立医院良好社会形象的同时也给医院带来明显的社会效益和经济效益。

（二）医院临床信息系统建设阶段

医院临床信息系统（hospital clinicalInformation system，HCIS）是指以患者基本信息的采集、存储和处理为中心，为临床医护人员提供支持的信息系统，主要模块包括医生工作站、护理工作站、医技工作站、检验信息系统（LIS）、放射信息系统（RIS）、麻醉信息系统（AIMS）、重症监护信息系统（CCIS）、医学影像信息系统（PACS）等。

HCIS 的主要目标是支持医院医护人员的临床活动，真正实现信息处理无纸化和无胶片化，使医院各个系统之间实现互联互通，患者信息在网上传递，辅助提高医疗质量和医院服务质量。

（三）区域医疗卫生服务系统建设阶段

区域医疗卫生服务系统又称区域医疗信息系统（geographic medical informa‐tion system，GMIS），是利用信息技术把社会医疗保健资源和服务（如社区医疗、相关医院、远程医疗、卫生行政机关、医疗保险、药品供应商、设备供应商、银行等）连接起来整合为一个系统，以实现区域医疗卫生服务。

为了实现区域医疗信息互联互通，推动各级中医药管理部门加强基层中医药服务监管，全面提升基层医疗机构中医药服务能力和水平，目前区域医疗以建设统一高效、资源集成、使用便捷、互联互通的省级中医药数据中心为重点，为开展中医药健康服务提供中医药知识库、中医特色电子病历、辨证论治、远程诊疗、中医治未病、中医临床业务监管等信息服务；为基层群众就医提供就医指导、预约诊疗、中医药健康教育等信息服务；为基层中医药人员开展中医药远程教育等服务；为中医药行政管理部门开展中医药服务监管提供信息支撑等服务。因此，区域医疗信息系统也将有效缓解中医药行业的人才问题和运行机制问题。

五、中医医院信息化发展思路

中医注重临床实践，在临床中，医生首先采集患者的临床信息，通过对临床患者表象的分类整理和分析判断进行辨证，并以证论治，形成一套完整的临床决策，即包括"理法方药"的辨识调控方案，该方案用以指导调控患者状态，并不断地在临床中提高和完善其调控效果，最终完成整个中医临床诊疗过程。其主要特征是其全部的过程都在临床，而不是在实验室完成，且主要是通过对患者表象的解析和辨证论治的方法来调节人体状态，从而解决患者的疾患。正是因为中医学临床实践与信息科学的基本方法和过程的高度吻合，中医学被人们称为"信息医学"。应用信息科学理论与技术方法，开展中医现代化研究和处理中医信息就成为中医学的优势和必然之路。基于此，本书对名老中医经验传承、中医临床科研一体化、中医电子病历以及中医治未病管理等具有典型中医学理论特色的中医信息化代表列出讨论，以引发大家对发展思路的思考。

（一）建设名老中医知识传承分系统

名老中医知识传承分系统主要是以名老中医知识、经验管理为核心服务的应用系统，目的是实现对名老中医知识获取、经验传承及信息记录管理的规范化。在统一标准、结构化数据采集、数据仓库和数据挖掘分析的基础上，研究建立中医临床个性化诊疗信息平台和相关技术系统，充分发挥系统化、综合化、实时化采集、在线分析处理（on‑line analytical pro‑cessing，OLAP）和数据挖掘（datamining）的优势。虽然现今大部分中医医院的专家在临床过程中可以充分发挥自身的潜在经验，采用独特灵活的诊疗方法和综合治疗方法以提高疗效，但是只有收集中医临床诊疗中老医生客观、全面的诊断信息，才能有效地克服临床信息采集时难以多元观测对象和因素，以及数据转换过程中质量控制困难等问题。中医在诊疗过程采用信息技术后，数据转换能力强，突破了现有研究方法的瓶颈，使老中医临床经验的实时保存、整理和挖掘成为可能。信息技术和数据挖掘技术的发展是该系统的基础，目的是通过数据挖掘技术，实时建立中医药临床诊疗信息数据库，以揭示中医药名老医生的思维模式、临床诊疗规律和经验，优化治疗方案，为临床诊疗信息库的建立提供依据；同时，将挖掘过程中所获得的知识进行普及应用，及时应用于诊断和治疗活动中；此外，通过不断地收集、挖掘、获取新知识，反馈回路，促进名老中医知识传承分系统和中医临床诊疗信息相关数据库的精细和完善。

（二）中医临床科研一体化研究

中医的信息医学特征，为重构中医临床研究体系和创新中医临床研究提供了思路与方法。中国中医科学院刘保延教授提出了"临床科研一体化"的中医学现代研究模式和方法，它的基本出发点是，中医学是从临床中来，又回到临床中去的一门实践医学，其经验的积累和学术的升华是在临床实践中进行和完成的，和西方医学依赖实验室，主要在实验中验证和发现新知识的过程有根本的区别，是完全不同的医学科学发展之路。所以，采取"临床科研一体化"模式，在临床这个"真实世界"中去探索、认识和升华中医学，是符合中医学自身发展规律的创新发展之路。

在中医医院实现临床科研一体化的具体方法是构建中医电子病历系统，通过统一信息标准和实施相关技术规范，解决临床数据的规范化问题，实现区域临床信息共享，利用语义技术可实现对自然语言描述的病历文本的结构化，从而支撑未来中医临床科研的数据整合及分析挖掘等关键工作。通过电子病历系统建立"以患者为中心"的信息视图，能够把包括 LIS、PACS 等全部临床信息记录在案，使中医病历更加直观和全面。一方面，可满足中医临床医疗的需要，强化医疗安全监控，提高医疗质量；另一方面，以电子病历系统为基础，建立面向科研、教育的病历数据分析平台，实现深度利用临床数据支撑科研任务，有利于临床医学领域的知识管理与知识发现，以及实现多维度（症—方—效）、多层次（临床—教学—研究）的病历数据分析，这也是中医临床科研一体化的价值所在。

（三）完善中医电子病历系统

中医电子病历是临床医生工作站的核心。具有中医特色的中医电子病历系统除满足患者基本信息管理、诊疗信息管理、病历书写、检查检验报告管理等基础功能外，还应当在充分支持中药编码系统的条件下，根据国家中医药管理局中医医院病历书写标准格式的要求，设计出具有中医特色的电子病历。

中医电子病历应当提供基础的中医辨证、辅助辨证的录入功能，包括四诊信息的录入（望、闻、问、切）、舌诊信息（文字、图片）的录入、脉象情况及其辨证分型的信息录入、发病节气自动计算的功能，各中医专科病历模板的提供、编辑及各类自定义功能，中药处方、针刺治疗等相关中医属性的采集功能，具有中医特色的体质辨识报告提供的功能等。除此之外，中医电子病历还应当在今后完善其他功能，如在书写病历时应当支持《中医病历书写基本规范》列出的所有病历文书类型医疗记录的录入、编辑、打印功能，并提供中医相关知识库的查询、引用功能，例如在医疗记录中插入来自中医临床诊疗指南和系统外部的疾病知识资料库相关知识文本的功能，以及支持用户自定义医疗记录模板的功能；在临床工作中还应当支持随时调阅标准化的中医临床诊疗指南，包括系统自带的中医临床诊疗指南以及其他来自系统之外的资源，并提供中医临床诊疗指南的升级、更新、版本管理的功能等。

（四）建设中医治未病管理系统

中医治未病管理系统是以中医健康管理和未病管理为主导，为居民提供中医健康指导和未病管理服务的应用系统。其管理的主要业务包括中医健康管理、中医未病管理、中医四诊信息管理、中医体质评测、效果评估与满意度管理，以及移动应用管理等。

1. 中医健康管理主要包含健康保健服务申请、膳食管理、健康咨询指导、服务评测问卷。

2. 中医未病管理的对象分为老年人、36 个月内的儿童、常见慢性病管理。老年人的未病管理分为体质信息采集、体质辨识、健康保健指导、健康档案录入；36 个月内的儿童未病管理分为饮食起居指导、中医穴位指导、健康档案录入；常见慢性病的未病管理分为治未病调理服务、健康档案录入等。

3. 中医四诊信息管理可以提供四诊信息的查询、录入、修改以及中医处方生成等功能。

4. 中医体质评测包括中医体质问卷表填写、中医体质辨识结果生成、中医体质辨识结果反馈。

5. 效果评估与满意度管理包含居民信息管理、健康评估、检测结果管理、问卷管理。

6. 移动应用管理包含居民信息管理、健康评估、检测结果管理、问卷管理。

近年来中医药信息学界开拓了特色突出的名老中医经验传承、中医临床科研一体化、中医电子病历等中医药信息学应用研究，它们以中医学理论为指导，采取信息技术方法研究解决中医学临床问题的典型案例。其他诸如中医治未病管理系统、慢性病管理系统、中医辅助诊疗系统、中医康复管理系统等各类新型中医信息系统也已经逐渐走上建设正轨，它们所形成的独特中医信息学研究思路和方法，已经成为大家公认的一种现代中医学创新发展的新途径。

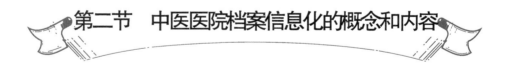

第二节　中医医院档案信息化的概念和内容

一、档案信息化

中国档案信息化的思想和实践开始于 20 世纪 70 年代末。档案界对档案信息化的认识，发端于对计算机在档案管理中的应用的实践和思考。孙淑扬、邱晓威在《档案计算机管理教程》中认为："档案管理现代化属于管理现代化。管理现代化就是把管理工作信息化和最优化。其具体含义：一是把现代科学技术综合、全面地运用于管理活动之中；二是当前的现代化管理技术主要是指计算机信息技术等；三是管理现代化的目的在于使管理工作趋于完善，并使整体功能和效率提高，达到优化。""档案管理现代化是指用科学的思想、组织、方法和手段，对档案工作进行有效地管理，使之获得最佳的工作效率、经济效益和社会效益。"可见，档案信息化最初是作为管理信息化概念的一个组成部分提出的，是与"档案工作最优化"并列的一个概念。

2002 年 11 月 25 日，国家档案局制发了《全国档案信息化建设实施纲要》。该文件确立了全国档案信息化建设的指导思想、目的和主要任务，明确了档案信息化概念的基本内涵是：档案信息化是国家信息化建设的组成部分，是以档案网络建设为基础，以档案信息资源建设为核心，以扩大档案信息资源开发利用为目标，加快推进档案资源数字化、信息管理标准化、信息服务网络化的进程。自从《全国档案信息化建设实施纲要》发布以来，档案学界对档案信息化的概念认识，主要形成了以下几种有代表性的观点。

1. 档案信息化是在国家档案行政管理部门的统一规划和组织下，在档案管理活动中全面应用现代信息技术，对档案信息资源进行处置、管理和提供利用服务。换句话说，档案信息化是指档案管理模式从以面向档案实体保管为重点，向以档案实体的数字化信息这种主要形式向社会提供服务为重心的转变过程。这是一个长期的发展过程。在这一过程中，要不断地采用现代信息技术装备档案部门，从而不断地提高档案管理和利用的现代化水平。

2. 档案信息化是信息技术与档案管理的有机结合，离开信息技术，档案信息化是无从谈起的。档案信息化是源自信息技术进步的一场档案管理革命，技术虽然只扮演着工具的角色，但却是这场革命的原动力，是整个档案信息化的龙头和先导。信息化对档案职业而言是一场"蜕变"，整个职业从传统文化行业向现代 IT 行业转型。

3. 档案信息化是国家信息化、地区信息化、行业信息化和机构信息化的重要组成，也是当代档案学理论和实践的核心任务。简而言之，档案信息化是指应用信息技术生成、管理、开发利用档案的过程。

4. 陆雄文主编的《管理学大辞典》认为，档案信息化是在国家档案建设管理部门的统一规划和组织下，在档案管理的活动中全面应用现代信息技术，对档案信息资源进行数字化管理和提供利用。档案管理模式从以档案实体保管和利用为重点，转向以档案信息的数字化存储和提供服务为重心，从而使档案工作进一步走向规范化、数字化、网络化、社会化。档案信息化是指档案管理模式从以档案实体为重心向以档案信息为重心转变的过程。这是一个长期的发展过程，在这一过程中，要不断地采用现代信息技术装备档案部门，从而极大地提高档案管理和利用的现代化水平。

上述认识基本上揭示了档案信息化概念的基本内涵，说明了档案信息化应符合如下思想要求。

1. 档案信息化不是一项仅由档案部门实施的孤立的转型、变革活动，而是国家及有关社会活动领域信息化的有机组成部分。

2. 档案信息化的原动力是对现代信息技术的应用。

3. 档案信息化是一个长期发展变革的过程，是一个通过应用现代信息技术改革传统的档案管理模式，有效提高档案信息资源收集、管理、利用开发服务水平的过程。

4. 档案信息化是一项系统工程，需要国家档案行政管理部门统筹规划和组织实施。

5. 档案信息化的业务目标是使档案工作进一步走向规范化、数字化、网络化、社会化。

6. 档案信息化的终极目的是持续提升档案部门为国家、社会和公民个人提供档案数据、信息、知识服务的能力，不断提高档案部门的档案信息服务的质量和水平。

二、档案管理信息化

档案管理信息化是档案信息化的组成部分，是指应用现代信息技术，不断完善和提升档案管理信息系统和相关业务信息系统的功能，并按照档案管理的科学化、规范化、标准化要求，变革档案管理的传统模式，转变档案管理的业务流程；持续改进和提升档案部门对各种业务信息系统所产生的电子文件、业务数据、原生信息记录的数字化、网络化、智能化资源的管控能力，档案信息服务平台的建设水平和服务能力，档案资源的信息安全保障能力。

从本质上讲，档案管理信息化是为有效解决社会组织（包括党政机关、企事业单位、社会团体及其他社会组织）和人民群众日益增长的信息需求与档案管理部门相对滞后的档案信息服务能力之间的矛盾，而采取的一项长期性的重大举措及其实施过程。

档案管理信息化概念的基本含义如下。

1. 档案管理信息化是档案信息化的组成部分。档案管理信息化应被纳入国家档案信息化的统一部署和规划之中，并作为其中的一项主要内容进行统筹规划和组织实施。

2. 档案管理信息化是国家档案资源体系、档案信息服务体系、档案信息安全保障体系这"三大体系"建设的重要内容，其质量将直接影响"三大体系"建设的整体质量和水平。持续改进和提升档案部门对各种业务信息系统所产生的电子文件、业务数据、原生信息记录的数字化、网络化、智能化资源管控能力，档案信息服务平台的建设水平和服务能力，档案资源的信息安全保障能力这"三大能力"，是档案管理信息化的核心任务。

3. 档案管理信息化的关键是根据档案管理转型和发展的需要，适时采用成熟的现代信息技术，变革档案管理的传统模式和业务工作流程，持续提升档案管理的效率和质量。

4. 档案管理信息化需要解决的基本矛盾是相对滞后的档案管理模式、流程和手段与现代社会持续增长的高效、高品质档案信息服务需求之间的矛盾。档案管理信息化的有效组织和实施，可以为解决各种社会组织和广大人民群众日益增长的档案信息需求与档案管理部门相对滞后的档案信息服务能力之间的矛盾，创造有利条件。

5. 档案管理信息化必须重视应用现代信息技术，按照档案管理的科学化、规范化标准化要求，不断完善和提升档案管理信息系统、服务平台和相关业务信息系统的功能。

第三节　中医医院档案信息化的建设

一、医院档案信息化建设的重要性

　　医院档案信息化建设作为现代医疗服务体系的核心部分，具有多方面的重要性。信息化建设大幅提高了医疗记录管理效率与利用率，使医生能够快速获取患者全面的历史病情资料，对制订准确的诊疗计划具有重要意义。电子化医疗记录既可以减少手工记录的误差，又可以帮助医疗工作者跟踪患者治疗进展情况，并对治疗方案适时调整。通过融合电子医疗记录（EMR）、实验室信息系统（LIS）和医院信息系统（HIS）等多种信息技术，医院可以确保数据的高效传输和共享。这一整合突破了过去各部门间的信息壁垒，便于各种医疗数据有效集成，提高医疗服务的连贯性，无缝数据交换在加速临床决策的同时，也改善了医疗服务质量及患者治疗体验。另外，在大数据分析技术运用下，医院管理者可以在减少运营成本的前提下，通过分析大量医疗数据来找出服务流程存在的缺陷，实现资源的优化配置和服务质量的提升。数据驱动决策支持系统有助于医院对市场变化做出更好的反应，增强医院的竞争力。就数据安全与隐私保护而言，医院档案的信息化建设也起着不可忽视的作用。通过引进先进数据加密技术及访问控制机制对敏感个人医疗信息实行更严密的防护，降低数据被泄露的风险，在增强患者对医院服务信任度方面，有着不可估量的作用。信息化建设也促进了远程医疗服务，借助网络平台，患者在家即可得到专业医生的诊断，对生活在偏远地区、交通不方便或者行动不方便的患者，都有很大方便，不仅增加了医疗服务的可及性，还使高质量医疗资源能更加广泛地造福于更多群体。

二、医院档案信息化建设现状

1. 国内外医院档案信息化建设比较 在全球范围内，医院档案信息化建设显示出明显的地域差异。发达国家通常拥有更成熟的技术和更完善的法规政策，其医疗信息化水平普遍较高。例如，在美国，医院广泛实施电子健康记录（EHR）系统，政府通过制定健康信息技术经济与临床健康法（HITECH Act）等措施，推动了医疗信息化的快速发展。此外，欧洲多数国家也实现了电子病历的跨机构共享，便于医生获取患者的全面医病历史，提升了医疗服务质量。与此相对，发展中国家尽管在医院档案信息化方面取得了一定成果，但由于经济水平、技术发展和政策支持等因素的限制，其发展速度和普及程度与发达国家相比有较大差距。例如，我国医院信息化建设起步较晚，近年来通过政府的大力推动和投资，信息化建设逐步展开，电子病历和云存储等技术得到应用，但在标准化、数据共享等方面仍需进一步改进。在印度、非洲等地区，医院信息化建设则面临基础设施薄弱、专业人才短缺等问题，发展较为缓慢。

2. 常见问题和挑战 医院档案信息化建设在全球范围内普遍面临着诸多问题和挑战。首先，数据标准化是一个普遍问题。不同医院之间，乃至同一医院内部不同系统之间缺乏统一的数据格式和交换标准，导致数据难以互通互联，影响了医疗信息的有效利用。其次，信息安全和隐私保护一直是信息化建设的重要挑战。随着医疗数据量的爆炸式增长，如何确保数据的安全存储、传输和处理、防止数据被泄露和滥用是所有医院都必须面对的难题。此外，医疗信息技术更新换代速度快，但很多医院的资金投入有限，导致技术设备设施更新不及时，影响了信息化建设的长远发展。最后，医疗人员尤其是一线医生和护士对新技术的接受度和适应性也影响了信息化系统的实际使用效果。许多医疗工作者由于缺乏必要的培训和对新系统的不熟悉，导致信息化系统未能充分发挥其潜在价值。因此，医院档案信息化建设需要综合考虑这些问题和挑战，采取切实有效的措施来解决问题。

三、大数据技术在医院档案信息化建设中的应用

1. 数据采集、存储、处理和分析　在大数据时代，医院档案信息化已经发生了翻天覆地的变化。数据采集的自动化和实时性是其中的重要突破。传统的手工录入方式不仅效率低下，还容易产生错误。如今，多元化的医疗设备设施和智能化的信息采集系统能够即时收集患者的生命体征、诊疗信息和医疗影像等，这些信息通过无线技术直接传输到中央数据库，确保了数据的完整性和准确性。就数据存储而言，医院所面临的难题是如何对日益扩张的数据量实行管理与维护。大数据技术为解决这一问题提供了有力的手段。比如采用 Hadoop 分布式存储技术就能把数据分散存储到多台服务器中，既能保证数据安全性也能提高访问效率。该方法不仅能够支持医院现有存储需求，还有很好的扩展性，给将来数据增长预留空间。在信息化建设过程中，数据的处理与分析被视为中心环节。医院档案包含着大量信息资源，怎样在海量数据中挖掘出有用的信息就成了关键。医院使用 Apache Spark 可实现数据的快速处理，既加快日常数据分析任务又能应对复杂算法运算。这些工具所具有的并行处理能力使再复杂的数据分析任务都能够在可接受的期限内实行，最终使数据分析无论在深度还是在广度上都有很大提高。通过机器学习、深度学习等技术，使医院既能够识别疾病模式又能够对其发展趋势展开预测，对个性化医疗、精准医疗的实现有着重要意义。比如对患者遗传信息、生活习惯等展开分析，就能预测患者将来患某种疾病的概率，以便更有针对性地采取防范措施。

2. 智能诊疗辅助决策系统　开发智能诊疗辅助决策系统是大数据技术运用于医疗领域的明显体现。通过对医疗历史记录以及实时数据展开综合分析，为医生决策支持提供有力工具。例如，IBM 公司的 Watson Oncology 便是人工智能在癌症诊疗中应用的典型例子。其通过对大量医学文献及患者历史病例数据展开分析，可以快速给出个性化治疗方案。该智能系统精度之高、效率之高，非人力可比。智能诊疗辅助决策系统在给出诊疗建议的同时也能起到预测性的作用，并可通过深入分析患者历史数据及群体数据来预警患者可能存在的健康风险。该预警机制

中医医院档案管理实践

使医生可以提前干预或者预防性治疗，有效减少病情发生及反复入院。这些体系的建设与使用都需要有海量历史数据与算法模型来支持。目前，医院利用先进数据挖掘技术与机器学习算法能够构建更多、更准确的模型。这些模式不仅对诊断过程有辅助作用，对患者管理及后续的治疗规划还起着至关重要的作用。智能诊疗辅助决策系统应用正在促进医疗服务朝着更加个性化和精准化的方向发展。医生可以透过这些系统更深入了解患者的情况及需要，并提供更多定制治疗方案。与此同时，上述系统的应用还大幅提高了整体医疗服务效率与质量，给患者带来较好的治疗效果与医疗体验。

3. 用于医疗质量绩效评估　医疗质量绩效评估具有重要意义，它可以提供定量和客观分析，有利于不断改善医疗服务，保证患者获得优质治疗。大数据技术在这一进程中扮演着核心角色。其通过对医疗服务过程中的多种数据实行集成与分析，主要包括患者结果、治疗流程以及医疗资源的使用效率和患者满意度，从而为医疗机构的综合评价提供指标体系。细微至每份病历记录、宽泛至全医疗机构服务质量、大数据分析均能洞悉其规律与走向。医院可以根据这些分析来决定哪种治疗方案效果最好、哪种流程有待优化，甚至哪种医疗实践可以产生最好的成本效益比。实际上，借助大数据技术，医疗机构的运营效率已经平均提高了大约15％，这一进步是通过对医院管理、物资和人力资源的优化配置来实现的。另外，大数据分析在绩效评估中的运用也提高了治疗方案筛选的精度。根据数据显示，大数据分析技术在此领域的运用使得准确度提升了大约35％。因此，应深入分析历史治疗结果和实时监测患者反应等方面，适时调整治疗方案。比如，当大数据分析表明某类药物在特定人群中疗效不佳时，医院就能迅速决策、调整用药方案，从而提供更个性化、更准确的医疗服务。另外，大数据在提高医疗服务质量的同时，也增强了医疗安全。医院对医疗差错展开数据分析，能够找出潜在风险点并做好防范措施，以降低医疗差错。

4. 提高患者的就医体验　从改善患者就医体验来看，大数据技术也有明显效果。通过从各接触点获取的数据展开分析，医疗服务提供者可以更深入地了解患者的需求，进而提供更多个性化服务。如通过对患者预约行为实行采集与分析，医院能够找到高峰时段，根据高峰时段对人力资源分配、调整，优化排队系统，有效缩短患者等待时间。报道指出，在应用大数据技术优化流程之后，某医院患者的平均等待时长减少了 30％。对患者就医路径及治疗反馈的分析，则有助于医院找出服务过程中存在的瓶颈及患者不满之处，并在此基础上采取改善措施。如针对患者反馈等待时间较长或者预约流程繁杂等情况，医院可以借助大数据对内部流程实行调整，也可以通过构建更直观的在线预约系统，提高工作效率。这些建议的改进方法能够明显提升患者的满意程度，据研究显示，这种改进使得大约 20％ 的患者对医疗服务的满意度有所提升。大数据技术也为实现个性化健康管理计划提供了可能性。医院可以通过对患者健康记录、生活习惯及家族病史展开数据分析，为其量身制定防治方案，提高治疗的有效性。大数据技术对提升医疗服务质量，改善患者就医体验发挥着关键作用，不仅优化了医疗服务提供者内部运作，还提高了患者对医疗服务的满意度与信任感。未来，随着科技的进步及信息技术应用范围的扩大，大数据还会在医疗健康领域持续发挥出巨大的潜力，给患者及医疗机构带来较大的效益。

医院档案信息化建设是医疗行业应对大数据时代挑战的重要策略。尽管国内外医院在信息化建设上存在差异，但大数据技术的融入无疑为解决现存问题和提升服务质量提供了新的机遇。通过优化数据采集、加强数据管理、智能化辅助决策以及改善患者体验，医院档案信息化能够有效促进医疗服务整体水平的提高。未来，医院应持续推动信息化建设，特别是加强跨部门、跨地区的数据整合和共享，将是医疗行业创新发展的关键所在。

第四节　中医医院档案信息化的意义与发展原则

一、医院档案管理工作的重要性

医院档案管理工作，是医院整体管理中的重要内容，是保障医院各科室、部门之间协调、顺利开展工作的重要组成部分，档案管理工作的质量决定了医院整体管理水平和服务的质量。医院档案记录了医院从无到有的建设、发展过程，也记录了医院对无数患者诊治的医疗成果，重要性不言而喻。医院档案资料是医院健康、稳定发展及医院管理层做出正确、科学决策的重要依据。医院档案涉及医院的各个部门、科室，是保证医院工作顺利开展的重要保障，档案管理工作的质量体现出一个医院的整体服务水平高低。随着信息化时代的到来，各种数字化、信息技术在各行各业得以广泛应用，医院在医疗技术的提升方面也是日新月异，为无数患者提供了有效治疗并推动了我国医疗事业的发展。这些重要医疗成果的记录、保存是医院档案管理工作的重要内容。传统纸质档案管理方式已经无法与现代化医疗技术的快速发展相匹配，查找不便、转交缓慢的弊端影响了医院的整体管理工作，医院档案管理信息化建设势在必行。因此，必须正确认识档案信息化建设在医院档案管理中的价值，并对如何应用开展进一步探讨，为医院医疗工作的正常开展提供信息支持。

二、医院档案管理信息化建设的重要意义

医院档案管理信息化建设，是通过计算机、网络等数字化手段现代化管理医院档案，有效避免了人为因素导致的工作失误，避免资源浪费的同时，提高了医院档案管理的效率和质量，促进了档案资源利用率的提高。医院档案信息化建设是时代的要求，是新医改中的重点内容之一，档案管理信息化建设的重要意义，都体现在合理配置医疗资源、提高医疗水平以及提升医务人员自身素质等各个方面。

1. 信息化建设确保医院档案资料的安全、快捷存储　医院档案记录了医院各个部门的日常工作，数量大、种类繁杂，除此之外，还包括了医院医疗技术的发展、临床医学实验内容、人事变动等极具价值的信息资料，对医院的长远健康发展有着重要意义。医院档案管理信息化建设，有助于档案管理效率的提高，避免人为工作失误的发生，节约了大量人力、物力和存储空间，并有效保证了高价值档案资料的安全。

2. 实现医院档案查找、转移、利用的高效性、时效性　信息技术在医院档案管理工作中的应用，提高了医院内部各部门、患者、用户在查找、利用档案资料的便利性。通过医院档案管理中心，自动搜索所需病历资料，即可快速下载、复制，改变了传统档案管理模式中耗费时间等多种弊端，节约了大量人力、物力，提高了医院整体工作效率和服务质量。

3. 促进医疗资源合理配置，有助于保障患者权益　目前，最大的医患矛盾是患者数量和医疗资源不匹配的问题，尤其是医院病房不足的缺陷最为显著。此外，在档案管理信息化管理之前，传统的患者就医模式，经常因为医生的变化而导致患者重复检查、开药，浪费了患者大量的时间、金钱，严重的甚至会影响患者的治疗而导致病情加重。医院档案信息化管理模式下，因互联网技术的应用，医生通过内部网络数据，对患者的病情、以往治疗情况，可以对患者的进一步治疗做出快速诊断，避免了之前工作上的缺陷，简化了患者的就诊流程，为患者避免浪费时间、财力的同时，提高了工作效率和服务质量，让患者获取了满意的服务体验，有效保障了患者的权益。

4. 有效提高医院管理水平，促进医疗水平的稳步提升　医院每天都会产生大量的行政工作以及患者就诊病历等种类繁多的海量档案资料，传统的档案管理方式容易出现人为因素而导致的工作失误，严重的会产生医患矛盾，影响医院的声誉。医院开展档案管理信息化建设，通过计算机、互联网等技术的应用，可以有效、快速、准确地管理医院档案，避免人为工作失误的发生。因此，医院要重视并加快档案信息化建设进程，促进医院整体管理水平的提高。增强档案管理人员现代化档案管理意识，树立信息化管理理念，通过培训、外聘等方式，组建一支专业的档案管理现代化团队。此外，还应增强网络安全、档案管理安全意识，通过防火墙等安全软件的应用，避免医院机密医疗信息、患者病历外泄，有效提升医院服务质量，保证医院的健康、稳定发展。

5. 有利于医务人员自身素质的提升　传统档案管理模式中，由于人为工作失误而导致的医患矛盾较为突出，另一方面也反映出医院工作人员的自身素质和服务态度也有待提高。开展档案管理信息化建设，可以对每一名医务工作者做出正确、客观的评价，提高医院人事变更、奖罚机制的公平、公正和透明度，并有效促进每一位医务工作者自身素质、工作积极性和服务态度的提升。

三、医院档案管理信息化建设中存在的问题

1. 医院缺乏档案管理信息化建设意识　社会主义市场经济的发展和繁荣，使得医院的企业属性不断增强，自负盈亏的压力使很多医院只注重医疗专家、人才的培养以及先进医疗设备设施的引进。医院档案工作更多隶属于行政后勤管理，不能产生直接的经济效益，医院管理者对档案管理工作重视程度不够，单纯认为档案管理就是档案的收集和保存的简单工作，档案管理信息化建设意识不足，势必会影响医院档案信息化建设工作的顺利开展。

2. 医院档案管理方式落后　医院档案中有医疗、设备设施、人事、后勤等诸多部门的档案，内容丰富且繁杂，加大了档案信息化建设的难度。很多医院的档案信息化建设缺乏统一的规划，各部门、科室没有统一的档案管理标准，导致管理工作混乱，甚至出现因人为原因导致档案

破损、丢失、外泄等严重的工作失误，难以形成有序、科学、高效的管理，在一定程度上影响了医院档案管理信息化建设的顺利开展，延缓了信息化建设的进程。

3. 缺乏标准化、规范化的管理制度　档案管理工作制度的标准化和规范化，是医院档案管理信息化建设的先决条件。从医院的实际情况来看，档案资料的管理基本上还处于各个科室、部门各自管理的分散管理形态，档案资料的格式也各有不同，医院没有实施统一管理。由于没有对档案管理工作足够的重视，医院档案管理人员在意识上还处于传统档案人工收集、分类、存储以及转交等固定模式中，没有现代化管理意识，对信息化管理手段更是知之甚少。医院对人才的培养和选拔更侧重于医疗技术人员，对档案管理人员的培养和技能提升没有具体规划，导致档案管理人员无论从档案管理的专业角度来说，还是对计算机、互联网等信息技术的掌握而言，都无法满足档案信息化管理的要求。分散、混乱的档案管理现状以及管理人员技能、意识的缺失，从根源上来看，是医院档案管理制度缺乏标准化和规范化，没有严格的标准化、规范化的管理制度，就无法顺利开展档案管理信息化建设工作，严重影响了医院管理工作整体信息化建设的进程。

4. 医院缺乏专业的管理人才队伍　医院领导层对档案管理重要性认知的不足，影响了对档案管理部门人员的配备。对于过于关注医院经济效益的领导而言，医院档案管理部门属于可有可无、无足轻重的部门，认为简单的档案归拢工作似乎是个人都可以干，因此，对工作人员的选择未认真思考，导致在档案管理这个重要部门的工作者素质良莠不齐。学历低、素质差的工作人员对于档案管理工作缺乏责任心和专业技能，对档案管理工作创新更是无从谈起。因此，没有一支专业的高素质人才队伍，是当前医院档案管理部门的突出问题。

四、加强医院档案信息化建设的对策

加强医院档案管理信息化建设，可以有效提升医院管理的质量和效率，从而提高医院的整体医疗服务水平和竞争力。

1. 加强对档案管理信息化建设的重视程度，完善管理制度　医院管理层尤其是主管领导，要重视档案管理信息化建设，清醒认识到信息化建设对医院发展的重要性，要在管理制度上进一步规范化和标准化，制定完善的档案管理体系。规范化、标准化的科学管理制度是医院档案管理信息化建设的有力支撑。医院档案管理人员要认真学习《档案法》等有关档案工作的法律法规，坚持依法开展档案管理，在此基础上根据医院自身特点，制定和完善医院档案管理各项规章制度，使档案的检索、利用从最初的单纯采集变为主动管理和主动服务为主，从而更加合理地配置各类档案资源。

2. 搭建科学、系统的医院档案信息化管理模式　首先，医院档案管理信息化建设的重要基础是要有科学、系统、完善的管理模式，这就要求档案管理人员要具备现代化管理理念，将信息化管理应用与实际档案管理工作充分结合，搭建信息化管理模式；其次，在档案管理工作中要加快原有纸质档案向电子档案的转换过程，并开展科学分类、归档、保存，经过认真核实后，在保证资料的真实性和完整性后，录入医院档案数据库，进一步实现档案信息化管理。

3. 引入科学的管理理念，优化档案管理方式　在医院档案信息化建设中，科学化管理发挥着重要的作用。对于管理人员来说，要树立科学的管理理念，保证档案管理真实性和保密性原则的落实，根据医院实际发展需求，促进档案信息化建设顺利开展，并通过积极整合档案数据资源，确保医院领导人员决策准确无误，保证医疗工作的顺利开展。同时，还应该做到及时发现问题并解决问题，提高医院医疗服务水平，更好地维护医院综合效益。

在档案信息化建设完成后，医院档案管理人员要提升自身的综合能力，尤其是信息技术应用能力，并深入了解各部门档案资料的特点，有针对性地配合衔接工作，对出现的问题要及时发现并快速解决，保证档案资料的真实性和完整性。

4. 提升医院档案管理人员综合素质　要想将信息技术在医院档案管理中的价值充分发挥出来，就要充分发挥档案管理人员的主观能动性，这就对工作人员的综合素质提出了较高的要求。提升档案管理人员的综合素质，不仅是对档案管理专业素质的提升，还应该提高管理人员对信息技术的掌握程度。医院档案管理信息化建设中，档案管理人员熟练掌握计算机、互联网等信息技术，才能有效提高档案管理工作的效率和质量。除定期开展相关培训，还要从外部聘请专家入院培训，提升人员的综合素养，满足医院档案信息化建设的要求。档案管理人员在努力提升自身技能外，也要具备热忱的工作热情，保证工作的积极性、主动性、创造性。

5. 医院要重视档案管理安全、保密工作　医院档案内容丰富，不仅记录各部门的日常工作内容，还包含了医院的医疗技术、临床实验数据以及众多患者的病历信息，极具保密性和私密性。一旦相关档案资料发生泄漏或者外传，将会给医院及患者带来不可预估的严重影响。因此，医院档案管理人员要树立保密意识，加强档案管理各环节的保密工作。无论是对纸质档案还是电子档案，管理人员在复制、转交、利用、储存等重点环节，都要确保档案在无外泄风险的情况下，方可实施相关操作，避免因人为因素导致的工作失误。

综上所述，档案管理工作质量是衡量医院管理水平的重要指标，是提升医院档案管理质量和实现档案管理信息化建设的重要手段。由此可见，医院从领导层到档案管理人员都要重视档案信息化建设，从意识上树立档案现代化管理理念。医院应加大对档案管理信息化建设的投入，完善基础设备设施建设，搭建平台网络，以便于档案资料在医院内部顺畅转移和收集。此外，医院应制定科学、完善的档案管理制度，明确分工，责任到人，建立奖罚机制，以提高档案管理人员工作积极性。信息技术在档案管理工作中的应用，对档案管理人员的素质和技能提出了更高的要求，医院要重视档案管理团队的建设，除了加强内部人员计算机、网络技术等技能培训外，还可以从外部招聘档案管理、信息技术综合能力强的人才，补充医院档案管理团队。加快医院信息化、数字化建设是新医改的重点工作内容，也是时代发展对医院的新要求，医院档案管理信息化建设是不可逆转的必然趋势，只有做好档案管理信息化建设，医院才能有效提升自身的核心竞争力，促进医疗水平的大幅提高，从而推动我国医疗事业的健康、稳定发展。

中医医院档案管理实践

第四章 中医医院档案电子化管理

第一节 电子文件的收集与整理

一、电子文件及其元数据的收集

各单位对电子文件及其元数据的收集要求一般包括以下几个方面。

1. 应在业务系统电子文件拟制、办理过程中完成电子文件的收集；声像类电子文件，在单台计算机中经办公、绘图等应用软件形成的电子文件的收集，由电子文件形成部门基于电子档案管理系统或手工完成。

2. 应齐全、完整地收集电子文件及其组件，电子文件内容信息与其形成时保持一致。具体要求有：同一业务活动形成的电子文件应齐全、完整。电子公文的正本、正文与附件、定稿或修订稿、公文处理单等，应齐全、完整。电子公文格式要素符合《党政机关公文格式》（GB/T9704—2012）的有关要求。在计算机辅助设计和制造过程中形成的产品模型图、装配图、工程图、物料清单、工艺卡片、设计与工艺变更通知等电子文件及其组件应齐全、完整。声像类电子文件应能客观、完整地反映业务活动的主要内容、人物和场景等。邮件、网页、社交媒体等类电子文件的文字信息、图像、动画、音视频文件等应齐全、完整，网页版面格式保持不变；需收集、归档完整的网站系统时，应同时收集网站设计文件、维护手册等。以专有格式存储的电子文件不能转换为通用格式电子文件时，应同时收集专用软件、技术资料、操作手册等。

3. 以公务电子邮件附件形式传输、交换的电子文件，应下载并收集、归入业务系统或存储文件夹中。

4. 应由业务系统在电子文件拟制、办理过程中捕获（采集）文书、科技、专业等类电子文件的元数据。

5. 可使用 WPS 表格或电子档案管理系统按照相应的要求著录、采集在单台计算机中经办公、绘图等应用软件形成的各门类电子文件元数据，以及声像类电子文件元数据。

二、电子文件的整理

在混合文档管理模式下，电子文件的整理一般包括划分保管期限、分类、排序、命名、存储等方面的内容。要做好电子文件的整理工作，通常应按下述要求进行。

1. 应在电子文件拟制、办理或收集过程中完成划分保管期限、分类、排序、命名、存储等整理活动，并同步完成会议记录、涉密文件等纸质文件的整理。

2. 应以"件"为管理单位整理电子文件，也可以根据实际需要以"卷"为管理单位进行整理。整理活动应保持电子文件内在的有机联系，建立电子文件与元数据的关联。

3. 应基于业务系统完成电子文件（包括纸质文件）的整理；声像类电子文件的整理，由电子文件形成部门基于电子档案管理系统或手工完成。

归档电子文件的保管期限可划分为永久和定期两种，其中定期的可划分为 30 年、10 年等。

电子文件的分类应按电子档案分类方案执行。各单位在编制电子档案分类方案时，可以根据自身的实际情况，参照国家、行业、地方的档案业务标准来进行。例如，文书类电子文件的分类整理可参照《归档文件整理规则》（DA/T22—2015）执行；科技类电子文件的分类整理可参照《科学技术档案案卷构成的一般要求》（GB/T11822—2008）、《建设项目档案管理规范》（DA/T28—2018）、《企业文件材料归档范围和档案保管期限规定》及相关部门制定的推荐标准执行；专业、邮件、网页、社交媒体等类电子文件的分类整理可参照《归档文件整理规则》（DA/T22—2015）等推荐标准执行，但有其他专门规定的，从其规定；声像类电子文件可按照年度、业务活动等分类标准进行分类。

4. 应在整理过程中基于业务系统电子文件元数据库，建立纸质文件目录数据；涉密纸质文件目录数据的录入，应符合国家保密法律法规、标准规范的要求，目录数据项的选择和确定可参照《电子文件归档与电子档案管理规范》（GB/T18894‑2016）中6.2.2的规定执行。

5. 在混合文档管理模式下，应在分类方案下根据业务活动、形成时间等关键字，对电子文件元数据、纸质文件目录数据库进行同步排序。排序结果应可以保持电子文件、纸质文件之间的有机联系。

6. 电子文件的命名应按规则进行。电子文件的命名规则应能保持电子文件及其组件的内在有机联系与排列顺序，能通过计算机文件名元数据建立电子文件与相应元数据的关联，具体要求包括：应由业务系统按内置规则自动、有序地为电子文件及其组件命名；在单台计算机中经办公、绘图等各类应用软件形成的电子文件，应采用完整、准确的电子文件题名命名；声像类电子文件可采用数字摄录设备自动赋予的计算机文件名。

7. 可参照分类方案在计算机存储器中建立文件夹，集中存储电子文件及其组件，完成电子文件的整理工作。

三、电子档案的编目

（一）混合文档管理模式下电子档案的编目要求

1. 对电子档案与纸质档案的整理审核、档号编制等编目活动，应同步进行。

2. 对在整理阶段划分的电子档案保管期限和分类结果应进行审核与确认，对不合理或不准确的要进行修正。

3. 在整理审核基础上，应对电子档案和纸质档案重新排序，并依据排序结果编制文件级档号。

4. 应采用文件级档号或唯一标识符作为要素，为电子档案及其组件重新命名，同时更新相应的计算机文件名元数据。

5. 可按照《档案著录规则》（DA/T18－1999）及《电子文件归档与电子档案管理规范》（GB/T18894－2016）中 6.2.4 的要求对电子档案、纸质档案做进一步著录，规范、客观、准确地描述档案的内容和形式特征。

6. 完成整理编目后，要将电子档案及其元数据、纸质档案目录数据等，归入电子档案管理系统的正式库，并参照《电子文件归档与电子档案管理规范》（GB/T18894—2016）中 7.2.9 给出的要求分类、有序地存储电子档案及其组件。

（二）编制电子档案档号的一般要求

1. 档号应参照《档号编制规则》（DA/T13－1994）等标准以及电子档案全程管理的要求，确定档号的编制规则。

2. 应采用同级国家档案馆档号编制规则为室藏电子档案、纸质档案编制档号。

3. 档号的编制应符合唯一性原则。档号应能唯一标识全宗内任一电子档案或纸质档案。

4. 以档号作为电子档案命名要素时，计算机文件名应能在计算机存储器中唯一标识、有序存储全宗内任意一件电子档案及其组件。

第二节　电子文件的归档

一、电子文件归档的一般要求

目前我国对电子文件归档的要求，在各种相关的规范和标准中均有体现。为方便大家了解，本书将主要的相关规定和要求逐一加以陈述。

(一)《电子文件管理暂行办法》对电子文件归档的要求

《电子文件管理暂行办法》的第十六条，对电子文件归档的业务工作内容提出了以下六项基本要求。

1. 电子文件应当在办理完毕后实时或定期归档，定期归档应当在第二年 6 月底前完成。

2. 归档电子文件的保管期限划分应当准确。

3. 电子文件及其元数据应当同时归档。

4. 电子文件归档时，应当进行真实、完整、可用方面的鉴定、检测，并由相关责任人确认。

5. 电子文件应当以国家规定的标准存储格式进行归档，属于国家秘密的电子文件应当使用专用保密存储介质存储，并按保密规定办理归档手续。

6. 具有永久保存价值或者其他重要价值的电子文件，应当转换为纸质文件或者缩微胶卷同时归档。

（二）《电子文件归档与电子档案管理规范》对电子文件归档的要求

《电子文件归档与电子档案管理规范》从制度建设和管理责任角度对电子文件归档提出了原则性要求，其内容可以概括为以下几个方面。

1. 电子文件归档应遵循纳入单位信息化建设规划、技术与管理并重、便于利用和安全可靠的原则。

2. 应对电子文件实施全程管理，确保电子文件的真实性、可靠性、完整性与可用性。

3. 应建立严格的管理制度，明确相关部门电子文件归档的职责与分工：档案管理部门负责制定电子文件归档的管理制度，提出业务系统电子文件归档功能要求，负责指导电子文件形成或办理部门按归档要求管理应归档电子文件，负责电子文件归档工作；电子文件形成或办理部门负责电子文件的收集、整理、著录和移交归档工作；信息化部门负责依据标准建设业务系统电子文件归档功能；保密部门负责监督涉密电子文件归档的保密管理。

4. 应明确各门类电子文件及其元数据的归档范围、时间、程序、接口和格式等要求。

5. 应执行规范的工作程序，采取必要的技术手段，对电子文件归档的全过程实行监控。

6. 应基于安全的网络和离线存储介质实施电子文件归档。

（三）《电子公文归档管理暂行办法》对电子公文归档的要求

电子公文，是指各地区、各部门通过由国务院办公厅统一配置的电子公文传输系统处理后形成的具有规范格式的公文的电子数据。《电子公文归档管理暂行办法》对电子公文的归档要求包括以下方面。

1. 电子公文形成单位应指定有关部门或专人负责本单位的电子公文归档工作，将电子公文的收集、整理、归档、保管、利用纳入机关文书处理程序和相关人员的岗位责任。机关档案部门应参与和指导电子公文的形成、办理、收集和归档等各工作环节。

2. 副省级以上档案行政管理部门负责对电子公文的归档管理工作进行监督和指导。电子公文的真实性、完整性、安全性和可识别性，移交前由形成部门负责，移交后由档案部门负责。

3. 电子公文参照国家有关纸质文件的归档范围进行归档并划定保管期限。电子公文一般应在办理完毕后即时向机关档案部门归档。

4. 电子公文形成单位必须将具有永久和长期保存价值的电子公文制成纸质公文，与原电子公文的存储载体一同归档，并使两者建立互联。

5. 需要永久和长期保存的电子公文，应在每一个存储载体中同时存有相应的符合规范要求的机读目录。

6. 电子公文的收发登记表、机读目录、相关软件、其他说明等应与相对应的电子公文一同归档保存。

7. 电子公文的归档应在"全国政府系统办公业务资源网电子邮件系统"平台上进行，各电子公文形成单位档案部门应配置足够容量和处理能力及相对安全的系统设备。

8. 电子公文形成单位应在运行电子公文处理系统的硬件环境中设置足够容量、安全的暂存存储器，存放处理完毕应归档保存的电子公文，以保证归档电子公文的完整、安全。

9. 电子公文形成单位应在电子公文处理系统中设置符合安全要求的操作日志，随时自动记录对电子公文实时操作的人员、时间、设备、项目、内容等，以保证归档电子公文的真实性。

10. 电子公文形成单位应在电子公文归档时对相关项目进行检查，检查项目包括与纸质公文核对内容、签章，审核电子公文收发登记表、操作日志及相关的著录条目等，确认电子公文及相关的信息和软件无缺损且未被非正常改动，电子公文与相应的纸质公文内容及其表现形式一致，处理过程无差错。

第四章 中医医院档案电子化管理

（四）《企业电子文件归档和电子档案管理指南》对企业 电子文件归档的要求

《企业电子文件归档和电子档案管理指南》对企业电子文件归档的管理原则、管理机制、管理制度等，均提出了较为具体的要求。具体内容如下。

1. 管理原则 具有保存价值的电子文件是企业文件的一部分，必须纳入归档范围，以维护企业档案的齐全、完整、系统。电子文件归档以真实、可靠、完整、可用为目标，贯彻全程管理、前端控制、统一管理原则。真实是指电子文件能够被证实与其本来的内容相符，确由生成者或发送者生成或发送，在其所称的生成或发送时间生成或发送内容。可靠指电子文件的内容完全和正确地表达其所反映的事务、活动或事实。完整是指电子文件的内容、结构和背景信息齐全且没有破坏、变异或丢失。可用是指电子文件能够得以检索、呈现和理解。

2. 管理机制 企业应将电子文件归档纳入企业信息化建设和档案管理工作规划、计划，纳入有关部门和人员岗位职责，配备必要的人员、资金和设备设施，为电子文件归档提供保障。企业可成立由档案部门、信息技术部门、保密部门和业务部门组成的电子文件归档工作协调机构，并负责审定电子文件归档的规章、制度和标准规范，制定电子文件归档规划，审定电子文件归档年度计划，协调电子文件归档工作中的有关问题，等等。档案部门在电子文件归档工作中的职责有：制定电子文件归档规章制度和标准规范，就企业制定的有关业务规章制度、标准规范提出电子文件归档条款；制定电子文件的归档范围和电子档案保管期限表；会同有关部门制定电子文件归档的规划、计划；负责电子文件的接收归档和电子档案管理工作，定期对电子文件归档进行真实性、可读性检查，形成检测报告；对本企业所属单位的电子文件归档工作进行指导、监督和检查；参与本企业业务系统的规划、设计、开发和实施等工作，提出电子文件归档需求，并跟踪实现的过程。信息技术部门的归档职责包括：负责在业务系统规划、设计、开发、实施、运维等过程中，落实电子文件归档要求，将电子文件归档要求在业务系统中予以实现；为电子文件归档提供信息技术支持；等等。业务部门在电子文件归档中应承担的职责包括：协助档案部门编制本部门形成的电子文件归档范围和由本部门归档的电子档案保管期限表；负责本部门形成的电子文件收集、整理并及时移交归档。安全保密部门的职责是：负责电子文件归档的安全保密管理。

3. 管理制度 企业应制定和完善电子文件归档制度，内容包括：企业应制定电子文件归档管理办法，如电子文件归档的管理办法、管理原则、管理职责，电子文件形成、收集、整理、移交归档的原则要求，保证电子文件归档过程中的真实性、完整性、可用性的原则要求，特别要把档案部门参与业务系统开发、实施等要求纳入管理办法。企业应制定电子文件归档的通用规范，如电子文件的收集、鉴定、整理、移交，元数据捕获节点。企业应制定各类电子文件归档的管理规范，如各类电子文件的归档范围、保管期限、元数据捕获节点等。企业可以已实施的业务系统为主线，制定各业务系统产生的电子文件归档和电子档案管理规范，如《OA 系统电子文件归档和电子档案管理规范》《ERP 系统电子文件归档和电子档案管理规范》等。

二、电子文件的归档范围

根据《电子文件归档与电子档案管理规范》等标准规范的要求，电子文件的归档范围应包括以下几方面。

1. 反映单位职能活动，具有保存价值的各门类电子文件及其元数据。

2. 文书类电子文件归档范围可按照《机关文件材料归档范围和档案保管期限规定》《企业文件材料归档范围和档案保管期限规定》等执行。

3. 照片、录音、录像等声像类电子文件归档范围可参照《照片档案管理规范》（GB/T11821—2002）、《数码照片归档与管理规范》（GB/T50—2014）执行。

4. 科技类电子文件的归档范围可按照《科学技术研究课题档案管理规范》（DA/T2—1992）、《国家电子政务工程建设项目档案管理暂行办法》《科学技术档案案卷构成的一般要求》（GB/T11822—2008）、《建设项目档案管理规范》（DA/T28—2018）、《建设电子文件与电子档案管理规范》（CJJ/T117—2017）等标准执行。

5. 各专业类电子文件归档范围可按《会计档案管理办法》《机关档案管理规定》等国家相关规定执行。

6. 邮件类电子文件归档范围可按《公务电子邮件归档与管理规则》（DA/T32—2005）等标准执行。

7. 网页、社交媒体类电子文件归档范围可按《机关文件材料归档范围和文书档案保管期限规定》《机关档案管理规定》执行。

三、电子文件元数据的归档范围

根据《电子文件归档与电子档案管理规范》《数字档案室建设指南》等标准规范的要求，电子文件元数据的归档范围应包括以下内容。

1. 应归档电子文件元数据应与电子文件一并收集、归档。

2. 文书类电子文件应归档元数据按照《文书类电子文件元数据方案》（DA/T46—2009）等标准执行，至少包括：题名、文件编号、责任者、日期、机构或问题、保管期限、密级、格式信息、计算机文件名、计算机文件大小、文档创建程序等实体元数据；记录有关电子文件拟制、办理活动的业务行为、行为时间和机构人员名称等元数据，应记录的拟制、办理活动，包括发文的起草、审核、签发、复核、登记、用印、核发等，收文的签收、登记、初审、承办、传阅、催办、答复等。

3. 科技、专业、邮件、网页、社交媒体类电子文件应归档元数据，可参照（2）给出的要求执行。

4. 声像类电子文件应归档元数据包括题名、摄影者、录音者、摄像者、人物、地点、业务活动描述、密级、计算机文件名等。在实际工作中，可参照《照片类电子档案元数据方案》（DA/T54—2014）、《录音录像类电子档案元数据方案》（DA/T63—2017）等规定执行。

四、电子文件的归档程序及要求

电子文件形成或办理部门、档案部门可在归档过程中基于业务系统、电子档案管理系统（如 ERMS）完成电子文件及其元数据的清点、鉴定、登记、填写电子文件归档登记表等主要归档程序。具体要求包括：

1. 应清点、核实电子文件的门类、形成年度、保管期限、件数及其元数据数量等。

2. 应对电子文件的真实性、可靠性、完整性和可用性进行鉴定，鉴定合格率应达到100%。包括：电子文件及其元数据的形成、收集和

中医医院档案管理实践

归档符合制度要求；电子文件及其元数据能一一对应，数量准确且齐全、完整；电子文件及其元数据的格式符合规定要求；以专有格式归档的，其专用软件、技术资料等齐全、完整；加密电子文件已解密；电子文件及其元数据要经安全网络或专用离线存储介质传输、移交；电子文件无病毒，电子文件离线存储介质无病毒、无损伤、可正常使用。

3. 档案部门应将清点、鉴定合格的电子文件及其元数据导入电子档案管理系统预归档库，自动采集电子文件的结构元数据，通过计算机文件名建立电子文件与元数据的关联，在管理过程元数据中记录登记行为，登记归档电子文件。

4. 应依据清点、鉴定结果，按批次或归档年度填写归档电子文件登记表，完成电子文件的归档。

五、电子文件的归档时间与归档方式

电子文件形成或办理部门应定期将已收集、积累并经过整理的电子文件及其元数据，向档案部门提交归档。归档时间不得晚于电子文件形成后的第二年 6 月底。

电子文件形成或办理部门应基于安全的网络环境或专用离线存储介质，采用在线归档或离线归档方式，通过电子档案管理系统客户端或归档接口，完成电子文件及其元数据的归档。

电子文件形成或办理部门应结合业务系统、电子档案管理系统运行网络环境和本单位实际，确定电子文件及其元数据归档接口并作出书面说明。归档接口通常包括：web - service 归档接口、中间数据库归档接口、归档电子文件及其元数据的规范存储结构等。

六、电子文件的归档格式

电子文件的归档格式应具备格式开放、不绑定软硬件、具备显示一致性、可转换、易于利用等性能，能够支持同级国家综合档案馆向长期保存格式转换。电子文件应以通用格式形成、收集并归档，或在归档前转换为通用格式。具体要求包括：

1. 版式文件格式应按照《版式电子文件长期保存格式需求》（DA/T47—2009）执行，可采用 PDF、PDF/A 格式。

2. 以文本、位图文件形成的文书、科技、专业类电子文件，应满足的格式要求包括：电子公文正本、定稿、公文处理单等，应以版式文件格式归档；其他电子文件、电子文件组件，可以版式文件、RTF、WPS、DOCX、JPG、TIF、PNG 等通用格式归档，或将电子文件及其组件按顺序合并转换为一个版式文件。

3. 在计算机辅助设计与制造过程中形成的科技类电子文件，归档格式要求包括：二维矢量文件以 SVG、SWF、WMF、EPS、DXF 等格式归档；三维矢量文件，需永久保存的应转换为 STEP 格式归档，其他可根据需要按二维矢量文件的归档格式要求，转为二维矢量文件归档。

4. 以数据库文件形成的科技、专业类电子文件，应根据数据库表结构及电子档案管理要求，转化为 ET、XLS、DBF、XML 等任一格式归档。也可以参照纸质表单或电子表单版面格式，将应归档数据库数据转换为版式文件归档。

5. 照片类电子文件以 JPG、TIF 等格式归档；录音类电子文件以 WAV、MP3 等格式归档；录像类电子文件以 MPG、MP4、FLV、AVI 等格式归档，珍贵且需要永久保存的，可收集、归档一套 MXF① 格式文件。

6. 公务电子邮件以 EML 格式归档；网页、社交媒体类电子文件，以 HTML 等格式归档。

7. 专用软件生成的电子文件，原则上应转换成通用格式归档。

七、电子文件元数据的归档格式

电子文件的形成单位应根据电子文件归档接口，以及元数据的形成情况，确定电子文件元数据的归档格式。一般要求包括：

1. 经业务系统形成的各门类电子文件元数据，应根据归档接口确定归档格式。选择 webservice 归档接口或归档电子文件及其元数据的规范存储结构等归档接口时，可以 ET、XLS、DBF、XML 等任一格式归档。选择中间数据库归档接口时，可与电子文件一并由业务系统数据库推送至中间数据库，也可再由中间数据库导出数据库数据文件。

2.声像类电子文件元数据，在单台计算机中经办公、绘图等应用软件形成的电子文件，可以 ET、XLS、DBF 等格式归档。

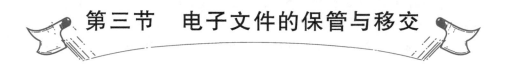

第三节　电子文件的保管与移交

根据国家档案局 2012 年 8 月 29 日印发的《电子档案移交与接收办法》的规定，电子档案的移交和接收应当真实可靠、齐全完整和安全可用；涉密电子档案的移交与接收应当符合国家有关保密安全的要求；各级档案行政管理部门负责对电子档案的移交、接收工作进行监督和指导。档案移交单位和各级国家综合档案馆应当切实履行电子档案移交和接收职责。档案移交单位在向国家综合档案馆移交电子档案之前，应当对电子档案数据的真实性、完整性、可用性和安全性进行检验，合格后方可移交。

一、电子档案的移交

属于国家综合档案馆接收范围的电子档案，应当向同级国家综合档案馆移交。档案移交单位一般自电子档案形成之日起 5 年内向同级国家综合档案馆移交。对于有特殊要求的电子档案，可以适当延长移交时间。涉密电子档案移交时间应符合国家有关规定的要求。

（一）电子档案的移交要求

《电子档案移交与接收办法》对电子档案的移交提出了五点基本要求。

1. 元数据应当与电子档案一起移交，一般采用基于XML的封装方式组织档案数据。

2. 电子档案的文件格式按照国家有关规定执行。

3. 电子档案有相应纸质、缩微制品等载体的，应当在元数据中著录相关信息。

4. 采用技术手段加密的电子档案应当解密后移交，压缩的电子档案应当解压缩后移交；特殊格式的电子档案应当与其读取平台一起移交。

5. 档案移交单位应当将已移交的电子档案在本单位至少保存5年。

（二）电子档案的移交流程与方式

电子档案移交的主要流程是：组织和迁移转换电子档案数据、检验电子档案数据、移交电子档案数据等。

电子档案的移交可采用离线或在线两种方式进行。如果采用离线方式移交电子档案，应满足如下基本要求。

1. 移交单位一般采用光盘移交电子档案，光盘应当符合归档要求。

2. 移交单位一般向同级国家综合档案馆移交一套光盘，光盘应当单个装盒。

3. 移交单位应当按照有关要求进行光盘数据刻录及检测。

4. 存储电子档案的载体和载体盒上应当分别标注反映其内容的标签，标签的标注有：①载体标识：全宗号一年度一载体顺序号；②载体盒标注：全宗号、年度、载体顺序号、数据量、密级、保管期限、存入日期、运行环境、套别等。

5. 移交载体内电子档案的存储结构参考移交载体内电子档案的存储结构及其说明要求执行。

（1）说明文件命名为"说明文件.TXT"，一个载体只有一个说明文件，存放本载体有关信息，包括载体参数（如载体容量、载体类型等）、载体编号、载体保管单位、载体制作单位、载体检查单位、读取本载体内档案所需要的软硬件环境及其他各种有助于说明本载体的信息。

（2）目录文件命名为"文件目录.XML"或"案卷目录.XML"，

存放有关档案的目录信息，目录文件与每份电子档案相对应，根据电子档案具体归档方式进行文件级描述或案卷级描述（将标识中的"文件"二字改为"案卷"），每个条目中包括载体内电子档案顺序号、档号、责任者、题名、日期、密级、电子档案名称、备注等内容。

（3）目录文件 XML 信息格式如下（encoding 属性值可以是"GB18030""GB2312""UTF－8"）。

（4）电子档案文件夹命名为"电子档案"，存放电子档案及其元数据，一般按年度类别—案卷的层次设置文件夹。根据档案整理和分类方法以及实际情况可对存储结构中的类别、案卷、文件等层级进行取舍。

（5）其他文件夹命名为"其他"，存放各种其他存入载体的文件，主要包括：所采用的元数据规范、数据封装规范、分类编号规则、文件命名规则、XML 模式及交接信息（包含交接、迁移、转换、保存等元数据和《电子档案移交与接收登记表》的扫描件或电子签名件）等，这些文件应采用 TXT、XML 和符合长期保存要求的格式。①在线移交电子档案的单位应当通过与管理要求相适应的网络传输电子档案。②传输的数据应当包含符合要求的电子档案及其元数据。③数据结构一般为一张或多张光盘载体内电子档案的存储结构组合，单张光盘的数据量小于光盘的实际容量。

二、电子档案的接收

各级各类国家档案馆在接收电子档案时，应满足如下基本要求。

1. 国家综合档案馆应当建立电子档案接收平台，进行电子档案数据的接收、检验、迁移、转换、存储等工作。

2. 电子档案接收的主要流程是：检验电子档案数据、办理交接手续、接收电子档案数据、著录保存交接信息、迁移和转换电子档案数据、存储电子档案数据等。

3. 国家综合档案馆应当对接收的电子档案数据的真实性、完整性、可用性和安全性进行检验，合格后方可接收。文书类电子档案的四性检测可依据《文书类电子档案检测一般要求》（DA/T70—2018）执行。

4. 电子档案检验合格后办理交接手续，填写《电子档案移交与接收登记表》，由交接双方签字、盖章，各自留存一份；《电子档案移交与接收登记表》可采用电子形式并以电子签名方式予以确认。

5. 国家综合档案馆应当将电子档案交接、迁移、转换、存储等信息补充到电子档案元数据中。国家综合档案馆应当对电子档案数据迁移和转换前后的一致性进行校验。

6. 国家综合档案馆应当对接收的电子档案载体保存 5 年以上。

7. 国家综合档案馆对电子档案载体应当按照《电子文件归档光盘技术要求和应用规范》（DA/T38—2018）和《磁性载体档案管理与保护规范》（DA/T15—95）进行管理。

三、电子档案的四性检测

为保障归档电子文件和电子档案的真实性、完整性、可用性和安全性，便于电子文件归档以及电子档案移交、接收和长期保存过程中的检测，依据《文书类电子档案检测一般要求》（DA/T70—2018），各立档单位的档案部门和国家档案馆在接收文书类电子档案时，应注意开展以下检测工作。

（一）电子文件归档环节的四性检测内容

1. 真实性检测　电子文件归档环节的真实性检测内容主要包括：电子文件来源真实性、电子文件元数据准确性、电子文件内容真实性、元数据与内容关联一致性、归档信息包真实性 5 项。电子文件来源真实性检测，是通过检测归档电子文件中的固化信息是否有效来确认电子文件来源的真实性。电子文件元数据准确性检测，是检测归档电子文件元数据是否符合《文书类电子文件元数据方案》（DA/T46—2009）等标准或自定义元数据方案要求，包括数据长度、类型、格式、值域，以及元数据项赋值是否合理等。电子文件内容真实性检测，是检测电子文件内容数据中包含的电子属性信息与电子文件元数据中记录的信息是否一致。元数据与内容关联一致性检测，是检测电子文件元数据中记录的文件存储位置与电子文件内容数据的实际存储位置是否一致。归档信息包真实性检测，是检测电子文件归档信息包的信息组织结构和内容是否符合国家有关规定，以及归档的信息包与业务部门发送的信息包是否一致。

2. 完整性检测　电子文件归档环节的完整性检测内容包括：电子文件数据总量、电子文件元数据完整性、电子文件内容完整性、归档信息包完整性4项。其中，电子文件数据总量检测，是检测《电子文件归档与电子档案管理规范》（GB/T18894—2016）表A.1《电子文件归档登记表》中登记的电子文件数量和字节数与实际归档的电子文件数量和字节数是否相符。电子文件元数据完整性检测，是对照《文书类电子文件元数据方案》（DA/T46—2009）或自定义元数据方案检测元数据项是否齐全完整，反映重要问题的归档电子文件是否包括主要修改过程和办理情况记录，具有连续编号的元数据项（比如档号、件内顺序号等）是否有漏号现象等。电子文件内容完整性检测，是检测归档电子文件的内容数据是否齐全完整。归档信息包完整性检测，是对照单位的归档范围，检测归档信息包的元数据和内容数据是否符合要求；对照归档信息包元数据中记录的文件数量，检测内容数据是否齐全完整。

3. 可用性检测　电子文件归档环节的可用性检测内容包括：电子文件元数据可用性、电子文件内容可用性、电子文件软硬件环境、归档信息包可用性4项。电子文件元数据可用性检测，是检测电子文件元数据格式是否可以被正常访问。电子文件内容可用性检测，是检测电子文件内容数据格式是否符合归档要求，是否可以被正常打开和浏览。电子文件软硬件环境检测，是检测电子属性元数据中记录的软硬件环境信息是否符合归档要求。归档信息包可用性检测，是检测归档信息包是否包含影响其可用性的因素，如使用非公开压缩算法、加密等。

4. 安全性检测　电子文件归档环节的安全性检测内容包括：归档信息包病毒、归档载体安全性、归档过程安全性3项。归档信息包病毒检测，是检测系统环境中是否安装了杀毒软件，以及归档信息包是否包含计算机病毒。归档载体安全性检测，是检测载体内是否含有非归档文件；通过外观、读取情况等判定载体是否安全、可靠；针对光盘，检测其是否符合《电子文件归档光盘技术要求和应用规范》（DA/T38—2008）的有关要求。归档过程安全性检测，是检测归档信息包在归档和保存过程中是否安全、可控。

（二）电子档案移交与接收环节的四性检测内容

1. 真实性检测　在电子档案的移交和接收环节所进行的真实性检测内容主要包括：电子档案来源真实性、电子档案元数据准确性、电子档案内容真实性、元数据与内容关联一致性、移交信息包真实性5项。电子档案来源真实性检测，是通过检测移交电子档案中的固化信息是否有效来确认电子档案来源的真实性。电子档案元数据准确性检测，是检测电子档案元数据是否符合《文书类电子文件元数据方案》（DA/T46－2009）等标准或自定义元数据方案要求，包括数据长度、类型、格式、值域，以及元数据项赋值是否合理等。电子档案内容真实性检测，是检测电子档案内容数据中包含的电子属性信息与电子档案元数据中记录的信息是否一致。元数据与内容关联一致性检测，是检测电子档案元数据中记录的文件存储位置与电子档案内容数据的实际存储位置是否一致。移交信息包真实性检测，是检测电子档案移交信息包的信息组织结构和内容是否符合《电子档案移交与接收办法》的要求，以及接收的信息包与移交的信息包是否一致。

2. 完整性检测　在电子档案的移交和接收环节所进行的完整性检测内容主要包括：电子档案数据总量、电子档案元数据完整性、电子档案内容完整性、移交信息包完整性4项。电子档案数据总量检测，是检测《电子档案移交与接收办法》中登记的电子档案数量和字节数与实际移交的电子档案数量和字节数是否相符。电子档案元数据完整性检测，是对照《文书类电子文件元数据方案》（DA/T46—2009）或自定义元数据方案检测元数据项是否齐全完整，反映重要问题的电子档案是否包括主要修改过程和办理情况记录，具有连续编号的元数据项（比如档号、件内顺序号等）是否有漏号现象等。电子档案内容完整性检测，是检测电子档案的内容数据是否齐全完整。移交信息包完整性检测，是对照移交信息包元数据中记录的文件数量，检测内容数据是否齐全、完整。

3. 可用性检测　在电子档案的移交和接收环节所进行的可用性检测内容主要包括：电子档案元数据可用性、电子档案内容可用性、电子档案软硬件环境、移交信息包可用性4项。电子档案元数据可用性检测，是检测电子档案元数据是否可以被正常访问。电子档案内容可用性检测，

中医医院档案管理实践

是检测电子档案内容数据格式是否符合移交要求，是否可以被正常打开和浏览。电子档案软硬件环境检测，是检测电子属性元数据中记录的软硬件环境信息是否符合移交要求。移交信息包可用性检测，是检测移交信息包是否包含影响其可用性的因素，如使用非公开压缩算法、加密等。

4. 安全性检测　　在电子档案的移交和接收环节所进行的安全性检测内容主要包括移交信息包病毒、移交载体安全性、移交过程安全性 3 项。移交信息包病毒检测，是检测系统环境中是否安装了杀毒软件，以及电子档案移交信息包是否包含计算机病毒。移交载体安全性检测，是检测载体内是否含有非移交文件，通过外观、读取情况等判定载体是否安全、可靠。移交过程安全性检测，是检测移交信息包在移交和接收过程中是否安全、可控。

（三）电子档案长期保存环节的四性检测内容

电子档案长期保存环节的四性检测是在设定检测策略的基础上，开展电子档案的真实性、完整性、可用性和安全性的检测。

1. 电子档案长期保存环节的检测策略与执行　　鉴于在长期保存过程中需要对电子档案进行定期和不定期的多次检测，有必要制定检测策略。检测策略设置包括但不限于以下方面。

（1）能够对电子档案的封装格式及电子档案元数据与内容数据的关联方式进行设置。

（2）能够对电子档案的存储路径、存储方式、备份策略进行设置。

（3）能够对电子档案各项检测指标进行设置。

（4）能够对各类电子档案的检测周期进行设置。

（5）能够对各类电子档案的长期保存格式进行设置。

（6）能够对电子档案的访问授权策略和操作流程进行设置。

检测时，依据预先设定的检测策略执行。检测策略执行具体要求如下。

（1）在未发生系统更新、数据迁移、格式转换等影响电子档案元数据和内容数据的行为的情况下，只需要对电子档案的固化信息进行检测；在发生了系统更新、数据迁移、格式转换等影响电子档案元数据和内容数据的行为的情况下，需要进行全面检测。

（2）原则上每两年对长期保存电子档案进行一次全面检测；每季度对长期保存电子档案进行抽检，抽检比例不低于5%。

（3）在电子档案长期保存过程中，针对电子档案所做的任何操作（检测、迁移、格式转换、备份恢复、提取出库等）都应记录，并补充到电子档案的元数据中去。在检测时优先检测变化了的这部分元数据信息。

2. 真实性检测　电子档案长期保存环节的真实性检测内容包括：电子档案固化信息、电子档案元数据准确性、电子档案内容真实性、元数据与内容关联一致性、保存信息包真实性5项。电子档案固化信息检测，是通过检测长期保存电子档案中的固化信息是否有效来确认电子档案在长期保存期间的真实性。电子档案元数据准确性检测，是检测电子档案元数据是否符合《文书类电子文件元数据方案》（DA/T46—2009）等标准或自定义元数据方案要求，包括数据长度、类型、格式、值域，以及元数据项赋值是否合理等。电子档案内容真实性检测，是检测电子档案内容数据中包含的电子属性信息与电子档案元数据中记录的信息是否一致。元数据与内容关联一致性检测，是检测电子档案元数据中记录的文件存储位置与电子档案内容数据的实际存储位置是否一致。保存信息包真实性检测，是检测电子档案保存信息包和入库时是否一致；在保存信息包为EEP封装包的情况下，检测EEP封装包及其元数据是否符合《基于XML的电子文件封装规范》（DA/T48—2009）的要求。

3. 完整性检测　电子档案长期保存环节的完整性检测内容包括：电子档案数据总量、电子档案元数据完整性、电子档案内容完整性、保存信息包完整性4项。电子档案数据总量检测，是按批次检测电子档案元数据中记录的电子档案数量和字节数与实际的电子档案数量和字节数是否相符。电子档案元数据完整性检测，是对照《文书类电子文件元数据方案》（DA/T46—2009）自定义元数据方案检测元数据项是否齐全完整，具有连续编号的元数据项（比如档号、件内顺序号等）是否有漏号现象。电子档案内容完整性检测，是检测电子档案的内容数据是否齐全完整。保存信息包完整性检测，是检测电子档案保存信息包的元数据和内容数据是否齐全完整；在保存信息包为EEP封装包的情况下，对照《文书类电子文件元数据方案》（DA/T46—2009）和《基于XML的电子文件封装规范》（DA/T48—2009）的要求检测EEP封装包的元数据项目是否完整。

中医医院档案管理实践

4. 可用性检测　电子档案长期保存环节的可用性检测内容包括：电子档案元数据可用性、电子档案内容可用性、电子档案软硬件环境、备份数据可恢复性4项。电子档案元数据可用性检测，是检测电子档案元数据是否可以被正常访问。电子档案内容可用性检测，是检测电子档案内容数据是否可以被正常打开和浏览，是否利于长期保存。电子档案软硬件环境检测，是检测电子档案软硬件环境是否适合继续长期保存。备份数据可恢复性检测，是检测备份数据是否可以完整恢复。

5. 安全性检测　电子档案长期保存环节的安全性检测内容包括：保存信息包病毒、保存载体安全性、软件系统安全性、载体保管环境安全性4项。保存信息包病毒检测，是检测系统环境中是否安装了杀毒软件，以及电子档案保存信息包是否包含计算机病毒。保存载体安全性检测，是通过外观、读取情况等判定载体是否安全、可靠。软件系统安全性检测，是检测系统是否存在隐含的安全漏洞。载体保管环境安全性检测，是对照国家有关规定，判断磁盘、磁带、光盘等各类载体的保管环境是否符合要求。

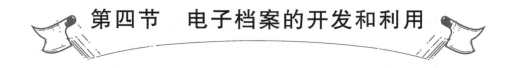

第四节　电子档案的开发和利用

一、医院电子档案开发的意义

医院的电子档案记录了大量的患者信息，这些信息包含患者的姓名、身份信息、医保信息，甚至工作单位、家庭住址、电话号码、电子病历等等，这些信息对于患者属于非常隐私的信息，这些信息会给不法分子提供可乘之机，使患者陷入危险之中。因此对于医院而言，必须从电子档案的开发、利用、维护等多个环节，强化其安全性，杜绝电子档案泄漏的风险，只有这样才能确保患者隐私得到有效的保护，避免患者信息被不法分子利用，从而导致患者遭受巨大的损失。

二、医院电子档案特征

电子档案作为医院不断发展，技术不断进步的产物，其为医院的工作效率的提升提供了非常大的帮助。电子档案作为一种新兴的事物，能够快速被医院接受并广泛应用，是因为其具备了非常鲜明的特征。

1. 依赖性　电子档案是伴随着相关技术的发展而逐渐兴起的，其中包含了硬件、软件技术的不断发展，因此电子档案对于硬件和软件技术有着很强的依赖性。一旦电子档案脱离了硬件和软件技术的支持，其必然无法正常地应用。而且电子档案会随着硬件、软件技术的不断发展而不断升级换代，提升其安全性、稳定性，进而为医院工作提供良好的帮助。这些都表明了电子档案对硬件和软件设备有着十分强烈的依赖性。

2. 数字化　在过去，医院的档案信息都是以纸质方式存储，但是伴随着电子档案的普及，这些信息被录入到计算机等电子设备中，并存储到相应的设备中。计算机设备必须将这些信息转化为数字信息才能够对其进行利用和存储。这些档案信息通过计算机系统转变为数字化信息，这些数字化信息被存储在相应的设备中，从而能够更好地实现数据的共享和利用。

3. 关联性　在档案信息数字化的过程中，关于电子档案的元数据也会被一同创建。元数据在电子档案中有着非常重要的作用，元数据描述了电子档案的数据属性，文件结构等信息，其与电子档案中的数据具有非常强的关联性。通过元数据可以更好地实现对电子档案的管理，对于电子档案的所有操作都会体现在元数据上，保证电子档案数据的安全性和稳定性，从而使医院能够更好地利用这些数据为患者提供良好的医疗服务。

4. 共享性　在过去，由于医院采用的是纸质档案，这就导致对于患者信息缺乏足够的了解，这对于快速诊断，减少患者看病支出是非常不利的。但是通过电子档案，医生可以快速查询患者的相关信息、患者

中医医院档案管理实践

的化验结果、检查结果等，可以快速被医生获得，这样可以更为高效快捷地为患者提供医疗服务。同样，这些信息可以在各个科室之间共享，为医生判断患者病情提供参考。在医院之间，信息也同样可以实现共享，这样可以避免患者的重复检查，减少患者的开支。

5. 可分离性　对于纸质档案而言，其真实性的判断可以通过载体，很难实现不同载体之间的相互传输。但是电子档案的存储是不受固定载体限制的。这些电子档案可以在不同载体之间进行互相传输，这就会给电子档案的管理带来非常大的困难，如果不能很好地进行解决，必然会给电子档案的安全性带来非常大的隐患。

6. 易更改性　相较于传统纸质档案，电子档案的更改更加方便、快捷，但是这种特性在方便电子档案使用的同时，也给电子档案的管理带来了非常大的隐患。这就需要医院在开发和应用的过程中，制定严格的规则，避免电子档案被随意篡改，使电子档案的真实性、完整性得到有效保证，这样才能更好地利用电子档案为患者提供更好的医疗服务。

三、医院电子档案开发和安全方面的问题

1. 安全意识不足　医院作为提供医疗服务的场所，对于电子档案安全性的关注度严重不足，这就导致医院在管理电子档案的过程中存在很多问题，使得患者的电子档案暴露在网络威胁之中。很多医院领导并没有意识到电子档案安全性的重要性，对于这方面的投入十分有限，有些领导甚至停留在能用就行的阶段，这就给电子档案的安全性带来了非常大的隐患，这也使得患者的信息频频遭到泄露，给患者带来了非常大的损失。

2. 技术落后　目前，计算机等相关技术的发展十分迅猛，更新换代的速度非常快，但是由于种种原因，医院对于相关设备，软件的投入十分有限，这就给电子档案的安全性带来了威胁。现阶段，很多医院为了保证自身网络系统的安全，都安装了防火墙、杀毒软件等防护设备和软件。但是由于黑客、病毒制造者的技术也在不断升级换代，很多老旧的设备根本无法应对来自外部的攻击和入侵，这就使得电子档案的安全性无法得到有效地保证。由于电子档案的特性使得对于电子档案的管理

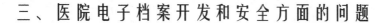

变得非常困难，如果医院的管理技术得不到有效提升，很可能造成严重的问题。现阶段，大多数医院的系统可以通过密码、用户名登录，从而实现对电子档案的更改和编辑，这样会给电子档案的管理带来非常大的隐患，因此，医院在进行相关系统、软件开发时，就需要对相关人员的权限进行理学的限定，不允许对电子档案进行随意更改，避免违规操作所带来的安全问题。

3. 设备安全性不足　电子档案是依赖于硬件设备的，一旦硬件设备出现故障，必然会给电子档案的使用带来非常大的困难，同时如果这些设备出现损毁，必然会导致电子档案的损失，因此就需要为电子档案配备稳定的、可靠的硬件系统，但是由于医院的资金十分有限，很多医院的硬件系统都存在严重的问题，这对于电子档案的安全性是非常不利的。

4. 人员素质不足　很多医院对于电子档案的管理不够重视，配备的人员严重不足，而且这些管理人员的专业素质严重缺乏，很多人员的技术水平十分有限，这就给电子档案的管理工作带来了非常大的隐患。

5. 缺乏培养机制　医院将更多的资源用于医生水平的提升，对于电子档案管理人员的培训十分匮乏，这就导致电子档案管理人员的水平，技术能力十分有限。这对于电子档案的管理是非常不利的。

6. 制度缺失　医院的主要任务是为患者提供医疗服务，这就使得医院对电子档案管理制度的制定缺乏足够的重视，很多医院都存在管理制度不完善的问题，这些问题会对电子档案的安全性造成非常大的威胁。

四、医院电子档案开发的具体策略

1. 提升安全意识　现阶段，很多医院对于电子档案的安全性缺乏足够的认识，这也使得患者的信息被泄漏的事件时有发生。因此医院管理者需要加强其安全意识，将保证电子档案的安全性作为一项重要工作，只有这样才能更好地保证电子档案的安全性，避免电子档案出现问题。医院管理者必须认识到电子档案出现问题会给医院造成非常大的负面影响，会严重影响到医院的信誉，使患者怀疑医院的专业性，因此，医院管理者要对电子档案的安全工作给予足够的重视。从电子档案的开发到应用都要重视其安全问题，这样才能树立一个更加坚固的安全防线，避免电子档案遭到破坏。

2. 更新技术　电子设备以及软件系统的更新换代十分迅速，为了更好适应时代的发展，就需要医院对设备，软件进行及时更新，这样才能保证电子档案的安全性。但是现阶段，很多医院为了节省资金，对于硬件、软件系统的更新十分缓慢，很多医院甚至在使用早已过时的系统和软件，这对于电子档案的安全是非常不利的。首先，在开发阶段，医院对于系统的使用权限进行严格地限定，对不同级别的医务人员的系统权限进行严格约束。其次，在开发阶段要对认证系统进行更加科学的设计，包括密码、人脸识别、指纹识别等等技术都可以应用到系统中，这样可以更好地提升系统的安全性。最后，在系统部署阶段，要部署相应的防火墙设备，同时还要安装相应的防护软件，制定科学的防护规则，这样可以在最大限度上避免电子档案遭受来自外部的攻击，保证电子档案的安全。

3. 确保硬件设备安全　硬件设备是电子档案得以应用的基础，因此医院应该确保其硬件设备的安全性和稳定性。但是现阶段，医院对于硬件设备的关注度严重不足，很多硬件设备都存在严重的问题，很难保证电子档案的安全性。医院要建立相应的管理部门，对硬件设备进行统一管理，并且投入足够的资金购置相应的设备，保证硬件设备能够及时得到更换或者维护，从而保证硬件设备的安全性。同时要建立相应的备份设备、备用电源、备用设备等等。管理人员要定期对电子档案进行备份。同时还要保证备用设备的正常运转，当主设备发生故障或者出现资料丢失情况时，备份设备可以帮助恢复丢失的资料，备用设备可以及时代替主设备为医院提供相应的服务，避免电子档案的缺失，保证电子档案的安全性。

4. 确保软件系统安全性　在电子档案的使用过程中，软件系统是必不可少的。软件系统可以将存储的数字信息转化为医生、患者能够阅读的信息。因此，软件系统的安全性是非常关键的。但是在实际工作中，软件系统的安全性问题十分突出，很多医院都在使用被淘汰的系统和软件，厂商已经停止了对这些系统和软件的维护，这会给电子档案的安全性带来非常大的隐患。因此，医院必须重视软件系统的安全性问题。首先，医院必须选择最新的正版系统，避免使用停止更新和维护的老旧系统，更要避免使用盗版系统，否则很可能造成系统的不稳定，甚至会造成系统的瘫痪，电子档案的丢失，给电子档案的使用带来非常大的问题。其次，医院要选择正规的开发企业进行相关软件的开发，并及时对软件进行更新和维护，这样可以更好地保证软件的安全性和稳定性，从而保证电子档案的安全性。

5. 建立相应的管理制度　对于电子档案的管理而言，其管理制度是非常重要的，如果管理制度缺失，会导致电子档案被轻易篡改、使用，这样对电子档案的安全是非常不利的。因此，医院要建立严格的管理制度，对电子档案的使用、调取、删改进行严格的限定，决不允许任何人对电子档案进行随意地编辑和删改。同时，要对相关管理人员的权限进行严格的规定，还要明确相关的硬件、软件维护制度，管理人员要定期对硬件和软件进行检查和维护，保证其能够正常运行。同时，还要限定能够使用的外接设备，决不允许任何人员随意使用外接设备，尤其是一些不明来历的外接设备。

6. 建立相应的培训制度　对于医院而言，其主要任务是为患者提供医疗服务，很难吸引专业的人才参与到医院电子档案的管理上，同时医院很大程度上都将精力放在对医务人员的培训上，对于电子档案管理人员的培训相对比较缺乏，这也导致管理人员的素质存在严重的不足。因此，就需要医院采取有效的措施提升管理人员的专业能力和水平。首先，在招聘时，要对应聘者的专业水平和能力进行严格地评估，从中筛选合适的人才。其次，要对在岗人员进行科学的培养。医院要建立科学的培训制度，对电子档案的管理人员进行有效培训，要聘请相关领域的专家对管理人员进行培训。培训的内容要符合医院的实际需求，这样可以使培训更加具有针对性，从而更好地提升培训的效果。最后，培训结束后，要对相关人员进行考察，这样可以更好地提升培训的效果，避免浑水摸鱼的情况出现，更有利于管理人员水平和能力的提升。

7. 建立合理的奖惩制度　医院对于医务人员的奖惩制度非常细致，但是对于电子档案管理人员则缺乏相应细致的奖惩制度，这也导致很多管理人员缺乏责任心，这对于电子档案的安全是非常不利的。因此，医院要建立针对电子档案管理人员的奖惩制度，将其奖惩制度进一步细化，对于在工作中勤奋努力，有责任心的管理人员给予相应的奖励，而对于那些在工作中浑水摸鱼的人员要给予适当的惩罚，这样才能更好地激发其责任心，从而更好地对电子档案进行管理，进而保证电子档案的安全性。

在现代化医院建设过程中，电子档案的地位越来越重要，电子档案可以大幅提升医院的工作效率，降低错误发生的概率，帮助医院为患者提供更为优质的服务。因此，医院必须采取必要的措施，保证电子档案的安全性，只有这样才能发挥电子档案的作用，使医院的工作效率得到有效提升，从而使医院的服务水平得到提升，进而为广大患者提供更为优质的医疗服务。

第五节 电子档案的存储、备份与元数据的维护

一、电子档案的存储

在系统环境下，电子档案的存储应满足如下基本要求。

1. 各单位应为电子档案及其元数据的安全存储，配置与电子档案管理系统相适应的在线存储设备。

2. 电子档案管理系统要根据档号等标识符构成要素在计算机存储器中逐级建立文件夹，分门别类、集中有序地存储电子档案及其组件，并在元数据中自动记录电子档案在线存储路径。

3. 在线存储系统应实施容错技术方案，定期扫描、诊断硬磁盘，发现问题要及时处理。

二、电子档案的备份

电子档案的备份要满足的基本要求如下。

1. 应结合单位电子档案管理和信息化建设实际，在确保电子档案真实、完整、可用和安全的基础上，统筹制定电子档案备份方案和策略，实施电子档案及其元数据、电子档案管理系统及其配置数据、日志数据等的备份管理。

2. 电子档案近线备份与灾难备份的基本要求包括：最好采用磁带备份系统进行近线备份，并定期对电子档案及其元数据、电子档案管理系统的配置数据和日志数据等进行全量、增量或差异备份；电子档案数量达到一定量且条件许可时，可实施电子档案管理系统和数据库系统的热备份；本单位建设灾难备份中心时，应将电子档案及其元数据、电子档案管理系统的灾难备份纳入规划之中，进行同步分析、设计和建设。电子档案的灾难备份和灾难恢复应参考《信息安全技术信息系统灾难恢复规范》（GB/T20988—2007）等标准要求执行。

3. 电子档案离线备份的基本要求包括：应采用一次性写入光盘、磁带、硬磁带等离线存储介质，参照《计数抽样检验程序第1部分：按接收质量限（AQL）检索的逐批检验抽样计划》（GB/T2828.1—2012）、《硬磁盘驱动器通用规范》（GB/T12628—2008）、《CAD电子文件光盘存储、归档与档案管理要求》（GB/T17678.1—1999）、《磁性载体档案管理与保护规范》（DA/T15—1995）、《电子文件归档光盘技术要求和应用规范》（DA/T38—2008）等标准，实施电子档案及其元数据、电子档案管理系统配置数据、日志数据等的离线备份；电子档案离线存储介质应至少制作一套，可根据异地备份、电子档案珍贵程度和日常应用需要等实际情况，制作第二套、第三套离线存储，并在装具上标识套别；应对离线存储介质进行规范管理，按规则编制离线存储介质编号，按规范结构存储备份对象和相应的说明文件，标识离线存储介质，禁止在光盘表面粘贴标签；离线存储介质的保管除参照纸质档案保管要求外，还应具备的条件有：应做防蚀处理（避免擦、划、触摸记录涂层）、硬装盒保存（竖放或平放，避免挤压）、远离强磁场和强热源并与有害气体隔离、保管环境温湿度符合要求（温度为光盘 17～20℃，磁性载体 15 ～ 27℃；相对湿度为光盘 20％ ～ 50％，磁性载体 40％～60％）。

4. 电子档案和电子档案存储介质自形成之日起 1 年内，送同级国家档案馆电子档案中心进行备份。

5. 应定期对磁性载体进行抽样检测，抽样率不低于 10％。抽样检测过程中如果发现永久性误差，应扩大检测范围或进行 100％ 的检测，同时要对发生永久性误差的磁性存储介质进行复制或更新。

6. 对光盘进行定期检测，检测结果超过三级预警线时应立即实施更新。

7. 当离线存储技术即将被淘汰时，应立即将其中存储的电子档案及其元数据等转换至新型且性能可靠的离线存储介质之中。

8. 确认离线存储介质的复制、更新和转换等管理活动成功时，再按照相关规定对原离线存储介质实施破坏性销毁。应对离线存储介质管理活动进行登记，登记内容主要包括：单位名称、管理授权、责任部门、管理类型（如更新、复制、转换）、源介质描述（包括类型、品牌、参数、数量等）、目标介质描述（包括类型、品牌、参数、数量等）、完成情况（操作前后电子档案及其元数据内容、数量等一致性情况）、管理起止时间、操作者，以及填表人、审核人、单位的签章等。

三、电子档案的元数据维护

各单位对电子档案的元数据维护要求，主要包括以下几个方面。

1. 应基于电子档案管理系统，在电子档案管理全过程中持续开展电子档案元数据的采集（捕获）、备份、转换和迁移的管理活动。

2. 实施电子档案管理系统升级或更新、电子档案格式转换等管理活动时，应自动采集（捕获）新增的电子档案背景、结构元数据，包括信息系统描述、格式信息、音频编码标准、技术参数等。

3. 应参照《信息与文献文件管理过程文件元数据第 1 部分：原则》（GB/T26163.1—2010）等标准，持续并自动采集（捕获）电子档案管理过程元数据；应记录的电子档案管理过程包括登记、格式转换、迁移、鉴定、销毁、移交等，具体要求可参照《电子文件归档与电子档案管理规范》（GB/T18894—2016）中的8.1.4、10.2.5、10.3.4给出的要求执行。

4. 应通过备份、格式转换、迁移等措施管理电子档案元数据，电子文件归档接收的以及归档后形成的电子档案元数据的采集，可参照《电子文件归档与电子档案管理规范》（GB/T18894—2016）中的9.2、10.2、10.3.4给出的要求执行。

5. 禁止修改电子档案背景、结构和管理过程元数据。对题名、责任者、文件编号、日期、人物、保管期限、保密等级等元数据的修改，应符合国家规定的要求，修改操作应记录于日志文件中。

6. 应确保电子档案及其元数据之间的关联关系得到有效维护。

第六节　纸质档案的数字化

一、纸质档案数字化的概念

数字化（digitization）是指利用计算机技术将模拟信号转换为数字信号的处理过程。纸质档案数字化（digitization of paper‑based records）是指采用扫描仪等设备对纸质档案进行数字化加工，使其转化为存储在磁带、磁盘、光盘等载体上的数字图像，并按照纸质档案的内在联系，建立起目录数据与数字图像的关联关系的处理过程。

1. 纸质档案数字化的对象主要是传统意义上的纸基（纸介质）档案实体。

2. 纸质档案数字化依托的主要技术设备是扫描仪、数码相机等数字化加工设备。

3. 纸质档案的数字化成果是各种数字图像（digital image），即表示实物图像的整数阵列。数字图像的分辨率（单位长度内图像包含的点数或像素数，一般用每英寸点数 DPI 表示）应满足档案管理和有效利用的基本要求。一个二维或更高维的采样并量化的函数，由相同维数的连续图像产生。

4. 各种数字图像应按照纸质档案的历史联系和逻辑联系（内在联系），建立目录数据与数字图像之间的有效关联，以便于对纸质档案的数字化成果的有效管理和利用。

二、纸质档案数字化的一般管理要求和基本环节

各单位在开展纸质档案数字化的工作中，应遵守如下要求。

1. 应根据档案的珍贵程度、开放程度、利用率、亟待抢救程度、数字化资金情况等因素统筹规划、科学开展纸质档案数字化工作。纸质档案数字化工作的开展应遵循《信息与文献档案数字化实施指南》（ISO/TR 13028—2010）和《文献档案资料数字化工作导则》（GB/T20530—2006）提出的要求和建议。

2. 应采取有效的管理和技术手段，确保纸质档案数字化成果质量。纸质档案数字化应遵循档案管理的客观规律，真实反映档案内容，最大限度地展现档案原貌。

3. 纸质档案数字化应保存数字化项目信息、技术环境、数字化各类技术参数等方面的元数据。元数据元素的确定应符合《信息与文献档案数字化实施指南》（ISO/TR13028—2010）提出的要求。

4. 应加强纸质档案数字化各环节的安全管理，确保档案实体和档案信息的安全。

5. 在加工涉密档案时，档案部门应按照涉密档案相关保密要求开展工作。相关法律法规主要包括：《中华人民共和国保守国家秘密法》《计算机信息系统保密管理暂行规定》《中共中央保密委员会办公室、国家保密局关于国家秘密载体保密管理的规定》《国家秘密设备、产品的保密规定》等。在纸质档案数字化过程中形成的秘密载体（是指以文字、数据、符号、图形、图像、声音等方式记载国家秘密信息的磁介

质、光盘等各类物品）的制作、收发、传递、使用、复制、保存、维修和销毁，应当符合国家保密规定。

纸质档案数字化的基本环节主要包括：数字化前处理、目录数据库建立、档案扫描、图像处理、数据挂接、数字化成果验收与移交等。

三、纸质档案数字化对象的选择

依据《机关档案管理规定》《企业档案工作规范》《数字档案室建设指南》《企业数字档案馆（室）建设指南》等标准和规范的要求，各立档单位应加强数字档案资源体系的建设，并将数字档案资源建设作为立档单位数字档案馆（室）建设的重点任务（包括纸质档案数字化、电子文件归档及专题数据库建设等）。在数字档案资源建设过程中，一定数量的档案数据是保证数字档案馆（室）发挥效用的基础。为此，档案行政部门建议存量档案数字化率宜达到 70％以上。纸质档案数字化的内容和范围如下。

1. 立档单位的文书档案、管理类（包括经营管理、生产技术管理、行政管理、党群工作等）档案除已到保管期限、短期或 10 年期档案外，有条件的立档单位可全部将其数字化。对于有正本、文稿处理单、修改底稿等的档案，立档单位可只对正本和文稿处理单进行数字化；具有重要修改内容的历次修改稿和重要档案的历次修改稿需数字化。

2. 立档单位正在研制或正在生产的核心产品或核心业务档案应全部数字化，非核心产品、已停产的产品、非核心业务档案可根据立档单位的实际需要有选择地数字化。

3. 立档单位的科研档案可全部数字化。

4. 立档单位的生产、科研、办公、生活建筑物的可行性研究、设计、施工、竣工验收等阶段的质量管理档案、竣工图档案可以数字化，其他阶段形成的档案可以有选择地数字化。

5. 立档单位的设备仪器档案可依据重要程度有选择地数字化。

6. 立档单位的会计档案，可根据本单位的实际需求及人力、物力配置情况有选择地数字化。

7. 立档单位的职工档案、干部档案的数字化，需档案部门与组织人事部门或人力资源管理部门充分协商后，按照中国共产党中央委员会组织部、人力资源和社会保障部的有关规定执行。

四、纸质档案数字化的组织与管理

（一）机构及人员

各单位应建立纸质档案数字化工作组织，对数字化工作进行统筹规划、组织实施、协调管理、安全保障、技术保障、监督检查、成果验收等，确保数字化工作的顺利开展。

为保证纸质档案数字化工作的正常有序进行，各单位应配备具有相应能力的工作人员，包括熟悉档案业务并具有较高的调查研究水平和良好的组织领导能力的管理人员、熟悉相关标准规范并能够为纸质档案数字化工作各环节提供技术支持的技术人员、掌握一定数字化基础知识并熟悉本职工作的操作人员等。同时，各单位应通过科学规范的管理制度，对工作人员进行规范化管理。除此之外，为强化数字化工作的安全性，各单位应加强对外聘工作人员的审核。

（二）基础设施

开展纸质档案的数字化工作，相关单位的基础设施应满足如下要求。

1. 应配备专用加工场地，并进行合理布局，形成档案存放、数字化前处理、档案著录、档案扫描、图像处理、质量检查等工作区域。

2. 加工场地的选择及温湿度等环境的控制不应不利于档案实体的保护。场地内应配备可覆盖全部场地的防火、防水、防有害生物、防盗报警、视频监控等安全管理的设施设备。

3. 应合理规划、配备和管理纸质档案数字化设施设备，确保设施设备安全、先进，能够满足数字化工作的需要。

(三) 工作方案

纸质档案的数字化工作，应依据科学合理的工作方案来进行。各单位在制定纸质档案数字化工作方案时，应按如下要求进行。

1. 应在充分调研的基础上，制定科学合理的工作方案，确保纸质档案数字化工作达到预期目标。

2. 纸质档案数字化工作方案应包括数字化对象、工作目标、工作内容、成本核算、数字化技术方法和主要技术指标、验收依据、人员安排、责任分工、进度安排、安全管理措施等内容。

3. 数字化对象的确定应综合考虑档案的珍贵程度、开放程度、利用率、亟待抢救程度、数字化资金情况等因素。

4. 应对纸质档案数字化工作方案进行专家论证，确保其科学、规范、合理。

5. 纸质档案数字化工作方案应经审批后严格执行。工作方案审批结果应与在数字化工作过程中形成的其他文件一并保存。

(四) 管理制度

各单位在开展纸质档案数字化工作时，应按照科学化和规范化的要求，制定相应的管理制度，以有效保障档案安全和纸质档案数字化成果质量。纸质档案数字化管理制度应包含岗位管理、人员管理、场地管理、设备管理、数据管理、档案实体管理等方面的制度。具体内容包括以下几个方面。

1. 岗位管理制度主要规定数字化工作各岗位的工作目标和职责，形成明确的岗位业务流程规范、考核标准、奖惩办法等。

2. 人员管理制度主要对人员的安全责任、日常行为、外聘人员信息审核及管理、非工作人员来访登记等进行规范。

3. 场地管理制度主要对人员出入和工作场地内基础设施、环境、网络、监控设施、现场物品、证件等的管理进行规范。

4. 设备管理制度主要对数字化工作各环节涉及的全部设备的管理进行规范。

5. 数据管理制度主要对数字化各环节所产生的数据的管理进行规范。

6. 档案实体管理制度主要对档案实体在数字化过程中的交接、管理、存放等工作进行规范。

（五）工作流程控制

各单位在开展纸质档案数字化工作时，应依据相关的法律法规和各类技术标准，制定相关的工作流程和各环节操作规范等，对纸质档案数字化全过程进行有效控制，确保数字化成果质量。具体要求如下。

1. 应加强对纸质档案数字化工作的全流程安全管理。

2. 应建立完善的问题反馈机制，对在纸质档案数字化工作过程中后端环节发现的在前端环节中产生的问题进行及时反馈和修正。

3. 应按档案出库、数字化前处理、档案扫描、图像处理、数据库建立、数据挂接、数字化成果验收与移交、档案归还入库的顺序，确立纸质档案的数字化工作流程。

（六）工作文件管理

各单位在开展纸质档案数字化工作时，应根据情况制定符合实际要求的纸质档案数字化工作文件，加强对数字化工作的管理。

纸质档案数字化工作文件主要包括：纸质档案数字化工作方案、纸质档案数字化审批书、纸质档案数字化流程单、纸质档案数字化前处理工作单、纸质档案扫描工作单、数字图像处理工作单、数据录入工作单、纸质档案数字化验收登记表、纸质档案数字化成果移交清单等。采取外包方式实施数字化时，还应包括项目招标文件、投标文件、中标通知书、项目合同、保密协议等。

各单位应加强对纸质档案数字化工作文件的管理，明确在数字化工作过程中形成的工作文件的整理、归档、移交等管理要求。

第四章　中医医院档案电子化管理

五、纸质档案数字化转型方法设计

医院纸质档案包括文字档案、表格档案、数据档案、图像档案、病历档案等多种内容，一般来讲，医院纸质档案数字采用流水线作业形式。利用扫描设备以及图像处理技术实现医院纸质档案数字化转型。

1. 医院纸质档案数字化处理设备 医院纸质档案的数字化设备包括输入设备、处理设备以及存储设备三个部分。

其中数字化处理的输入设备选择的是扫描仪设备，主要用于采集静态图像，文本等纸质文件，并通过扫描输入到计算机。在扫描仪设备的选择上，设置分辨率、动态密度范围、灰度级、扫描速度以及接口方式作为设备选择的参数标准。其中分辨率可以分为像素分辨率和色彩分辨率两个部分，其中像素分辨率直接决定了数字化处理结果的清晰程度，从扫描仪的市场发展情况来看，选择像素分辨率为 600×1200 dpi 的扫描仪设备，且保证扫描仪的色彩位数高于 30 位。除此之外，动态密度范围和灰度级指标也在一定程度上决定了数字化转换结果的质量，在选择过程中尽量选择指标更高的设备仪器。扫描速度决定了医院纸质档案数字化的转型速度，扫描接口决定了设备在医院档案管理中的适配性。

将医院纸质档案的扫描结果输入到计算机设备中，利用计算机中安装的著录、转换等软件，统一档案格式，方便存储与处理。而医院档案的数字化存储设备要求满足以下三个条件：具有存储海量数据的空间；保证数据的长期保存；支持动态更新程序的运行。在满足上述条件的存储设备中，选择更加安全的设备并将其连接到计算机设备上。

2. 纸质档案数字化扫描程序 将分散完成的医院纸质档案按照顺序逐一放置到安装的扫描设备中，在完成对扫描亮度、扫描页面大小参数的设置后，选择扫描方式并通过扫描上的"启动"按钮实现扫描程序的驱动。在医院纸质档案扫描中支持灰度扫描和彩色扫描两种方式，其中灰度扫描生成的数字化处理结果由黑、白、灰三个色调组成，扫描时的灰度值选择 256 色，这种扫描方式主要用来处理数据、文本以及部分医疗图像。而彩色扫描生成的图像为彩色的，对色彩的选择分为 16 位、24 位和 256 位三种。除了彩超等特殊需求外，尽量不选择这种扫描方式。另外为了保证医院纸质档案原档不被破坏，选择平板扫描原理，也就是由扫描仪中的感光元件从左往右移动来完成扫描。

3. 医院档案数字化图像处理　由于医院档案纸张本身的质量、扫描程序执行过程中光照度不均等因素的影响，扫描得出的档案图像可能夹杂噪声。另外由于工作人员的操作不当或扫描仪纠偏性能不稳等原因，输出的图像也可能出现倾斜角度，为此需要从色彩、倾斜校正等方面，对初始扫描的图像进行处理。

第七节　录音录像档案数字化

一、录音录像档案数字化概述

录音录像档案（audio‐visual records）是国家机构、社会组织或个人在社会活动中直接形成的以记载在物理载体上的影像或声音为主要反映方式的有保存价值的历史记录。录音录像档案数字化（digitization of audio‐visual records）就是对模拟录音录像档案进行数字化加工，使其转化为存储在磁带、磁盘、光盘等载体上的数字音频文件和视频文件，并按照录音录像档案的内在联系，建立起目录数据与数字音视频文件关联关系的处理过程。

录音录像档案数字化工作的基本要求如下。

1. 各单位应根据档案的珍贵程度、开放程度、利用率、亟待抢救程度、数字化资金情况等因素统筹规划、科学开展录音录像档案数字化工作。录音录像档案数字化工作的开展应遵循《信息与文献——用于记录数字化实施指南》（ISO/TR 13028—2011）和《文献档案资料数字化工作导则》（GB/T20530—2006）提出的要求和建议。

2.应采取有效的管理和技术手段，真实反映录音录像档案内容，确保数字化成果质量。

3.在录音录像档案数字化过程中，应保存数字化项目信息、技术环境、数字化各类技术参数等方面的元数据。元数据元素的确定应符合《信息与文献——用于记录数字化实施指南》（ISO/TR 13028—2011）提出的要求。

4.应加强对录音录像档案数字化各环节的安全管理，确保档案实体和档案信息的安全，避免或减少各环节操作对档案实体的破坏。

5.加工涉密档案时，应按照国家有关规定执行。若同一物理载体中同时记录非涉密档案和涉密档案，则该物理载体应按照涉密档案相关要求处理。

录音录像档案数字化的基本环节主要包括：档案出库、数字化前处理、数据库建立、信息采集、音视频处理、数据挂接、数字化成果验收与移交、档案归还入库等。

二、录音录像档案数字化工作的组织和管理

各单位应建立录音录像档案数字化工作组织，对数字化工作进行统筹规划、组织实施、协调管理、安全保障、技术保障、监督检查、成果验收等，确保录音录像档案数字化工作的顺利开展。

各单位要配备具有相应能力的工作人员，包括熟悉档案业务并具有较高的调查研究水平和良好的组织领导能力的管理人员、熟悉相关标准规范并能够为录音录像档案数字化工作各环节提供技术支持的技术人员、掌握一定数字化基础知识并熟悉本职工作的操作人员等。应通过科学规范的管理制度，对工作人员进行规范化管理；为强化数字化工作的安全性，应加强对外聘工作人员的审核。

三、录音录像档案数字化基础设施要求

各单位要为录音录像档案数字化工作配备必要的基础设施。具体要

求包括几个方面。

1. 应配备专用的录音录像档案数字化加工场地，并合理布局，形成档案存放、数字化前处理、档案著录、信息采集、音视频处理、质量检查等工作区域。

2. 加工场地的选择及温湿度等环境的控制不应不利于档案实体的保护。

3. 场地内应配备可覆盖全部场地的防火、防水、防有害生物、防盗报警、视频监控等安全管理系统。

4. 应合理规划、配备和管理录音录像档案数字化设施设备，确保设施设备安全、先进，能够满足录音录像档案数字化工作的需要。

四、录音录像档案数字化工作方案的制定要求

制定录音录像档案数字化工作方案，应满足如下几点要求。

1. 应在充分调研的基础上，制定科学合理的工作方案，确保录音录像档案数字化工作达到预期目标。

2. 工作方案应包括数字化对象、工作目标、工作内容、成本核算、数字化技术方法和主要技术指标、验收依据、人员安排、责任分工、进度安排、安全管理措施等内容。数字化对象的确定应综合考虑档案的珍贵程度、开放程度、利用率、亟待抢救程度、数字化资金情况等因素。

3. 必要时可对工作方案进行专家论证，确保其科学、规范、合理。

4. 工作方案应经审批后严格执行。工作方案审批结果应与在录音录像档案数字化工作过程中形成的其他文件一并保存。

五、录音录像档案数字化工作的管理制度

各单位应制定科学化、规范化的录音录像档案数字化管理制度，并在数字化工作过程中严格执行，以有效保障档案安全和数字化工作质量。

录音录像档案数字化管理制度应包含岗位管理、人员管理、场地管

理、设备管理、数据管理、档案实体管理等方面。

1.岗位管理制度主要规定数字化工作各岗位的工作目标和职责，形成明确的岗位业务流程规范、考核标准、奖惩办法等。

2.人员管理制度主要对人员的安全责任、日常行为、外聘人员信息审核及管理、非工作人员来访登记等进行规范。

3.场地管理制度主要对人员出入和工作场地内基础设施、环境、网络、监控设施、现场物品、证件等的管理进行规范。

4.设备管理制度主要对数字化工作各环节涉及的全部设备的管理进行规范。

5.数据管理制度主要对数字化各环节所产生的数据的管理进行规范。

6.档案实体管理制度主要对档案实体在数字化过程中的交接、管理、存放等工作进行规范。

六、录音录像档案数字化工作流程控制

各单位应依照相关法律法规和各类技术标准，制定相关的工作流程和各环节操作规范等，对录音录像档案数字化全过程进行有效控制，确保数字化成果质量。

应加强对录音录像档案数字化工作的全流程安全管理，及时对信息采集、音视频处理等各个环节产生的数据进行备份。

应建立完善的问题反馈机制，对在录音录像档案数字化工作过程中后端环节发现的在前端环节中产生的问题进行及时反馈和修正。

七、录音录像档案数字化工作文件管理要求

各单位应根据情况制定符合实际要求的录音录像档案数字化工作文件，以此加强对数字化工作的管理。主要包括录音录像档案数字化工作方案、数字化审批书、数字化流程单、数据验收单、项目鉴定验收报告、数字化成果移交清单等。采取外包方式实施数字化时，还应包括项

目招标文件、投标文件、中标通知书、项目合同、保密协议等。

各单位应加强对数字化工作文件的管理，明确数字化工作过程中形成的工作文件的整理、归档、移交等管理要求。

八、录音录像档案数字化外包的要求

录音录像档案数字化工作如需外包，档案部门应：从企业性质、股东组成、安全保密、企业规模、注册资金情况等方面严格审查数字化加工企业的相关资质；按照《文献档案资料数字化工作导则》（GB/T20530—2006）第5章的要求评估数字化加工企业的技术能力；从规章制度的建立健全程度等方面考查加工企业的管理能力。如需审查数字化加工企业的保密资质，档案部门应按照《国家秘密载体印制资质管理办法》（国保发〔2012〕7号）等文件的要求执行。

在项目实施过程中，档案部门应依据《档案数字化外包安全管理规范》，在档案部门、数字化服务机构、数字化场所、数字化加工设备、档案实体、数字化成果移交接收与设备处理等层面执行严格的安全管理要求。

档案部门应指派专门人员参与录音录像档案数字化外包业务的监督、指导，完成质量监控、进度监控、投资监控、安全监控和协调沟通等方面的工作。

第八节　档案数字化安全管理

各级各类国家档案馆和立档单位的档案管理部门在开展档案数字化的活动中，应根据《中华人民共和国保守国家秘密法》《档案数字化外包安全管理规范》（档办发〔2014〕7号）、《纸质档案数字化技术规范》

（DA/T31—2005）等法律法规和标准制度的要求，认真做好档案数字化安全保密工作。

一、档案数字化安全管理的一般要求

档案数字化安全管理工作是一项需要相关部门和人员相互协调、密切合作才能完成的工作。为此，做好档案数字化安全管理工作的基本前提是明确各相关方的责任和义务，建设有效的管理机制和管理网络。具体要求可包括以下几个方面。

1. 各级党委的档案部门和国家保密行政管理部门的职责是：加强对档案数字化工作的安全管理，并对档案数字化安全保密工作实行监督和指导。

2. 各级国家档案馆（包括综合性档案馆和专门档案馆）和立档单位（或档案形成单位）的职责是：结合本单位、本系统、本地区的实际情况，对档案数字化安全管理实行统筹规划和科学计划；在分步实施过程中，要突出重点，科学划定档案的数字化范围，按步骤开展档案数字化工作。

3. 各级国家档案馆和立档单位是档案数字化的实施主体。根据国家规定，档案数字化原则上应由档案馆和档案形成单位自行组织开展。确需服务外包的，在同等条件下，应优先选择具有相关涉密资质的档案数字化服务机构。

4. 各级国家档案馆和立档单位在实施档案数字化之前，应当按照《中华人民共和国保守国家秘密法》等国家有关保密规定对档案中涉密的档案文件进行梳理和清理工作，做好档案的密级鉴定工作。

5. 涉密档案数字化需要服务外包的，应当由具备涉密档案数字化加工资质的档案数字化服务机构承担。需要数字化的档案中包含密级文件的，应当根据其最高密级要求，确定计算机及其存储介质等设施设备的密级，并采取违规外联监控、安全审计、移动存储介质管控、身份鉴别、访问控制等安全保密措施。使用的硬盘、移动硬盘、U盘、光盘等存储介质按涉密载体管理，不得在非涉密计算机及其网络上使用。

6. 各级国家档案馆和立档单位应当将档案数字化安全管理工作纳

中医医院档案管理实践

入本单位安全管理工作制度、计划和行动安排，明确主管领导责任，指定专人负责落实档案数字化各项安全保密措施，并根据安全保密有关规定和档案工作相关要求，对档案数字化安全管理工作进行定期检查。

7. 各级国家档案馆和立档单位应当建立严格的安全管理制度，在档案数字化加工之前，应当与档案数字化服务机构签订安全保密协议，提出安全保密要求，督促落实保障措施。数字化加工协议（合同）可按要求，告知同级党委的档案部门和国家保密行政管理部门。

8. 档案数字化服务机构应严格遵守《档案法》《中华人民共和国保守国家秘密法》及国家档案馆和立档单位的各项安全保密规章制度，保证档案数字化工作的全过程安全。

二、档案数字化外包安全管理

各级国家档案馆和立档单位开展档案数字化外包工作，应遵循《档案数字化外包安全管理规范》的规定和要求进行。具有独立法人身份的档案数字化加工服务机构（以下简称"数字化服务机构"）承担档案数字化外包服务，同样应遵循《档案数字化外包安全管理规范》的规定。

档案数字化外包安全管理应按照"安全第一、预防为主"的原则，采取科学有效的安全管理措施，应用确保档案安全的技术手段，建立权责明确、覆盖档案数字化全过程的岗位责任制，对档案数字化全过程实行严格监督和管理，确保档案实体与信息安全。

（一）档案部门的数字化外包安全管理责任

各级国家档案馆和立档单位在开展数字化外包工作中，应注意履行下述责任要求。

1. 加强组织管理　各级国家档案馆和立档单位应成立由主要领导或分管领导参加的档案数字化外包管理组织，明确档案数字化管理的部门、人员及其职责。

2. 确定外包范围　各级国家档案馆和立档单位应根据档案数字化总体规划，确定数字化外包档案的范围，提出档案数字化外包安全管理要求和技术指标。

3. 明确安全要求　各级国家档案馆和立档单位应提出档案数字化外包招标文件中有关安全管理的要求，协助制定招标文件，审定合同。

4. 选择合格的数字化服务机构　各级国家档案馆和立档单位应对数字化服务机构的相关资质、业绩、人员、设备和加工软件等进行考察，并了解是否存在违约行为、安全事故等不良记录。在同等条件下，应优先选用具有与数字化加工相关的涉密资质的数字化服务机构。

5. 建立健全安保制度　各级国家档案馆和立档单位应建立档案数字化安全保密制度，与数字化服务机构签订安全保密协议，并对档案数字化加工人员进行安全保密教育。制订档案实体交接、数字化加工过程管理、数字化成果验收与交接、存储介质管理、档案实体保护等操作规程或规章制度。

6. 建立项目管理档案　各级国家档案馆和立档单位应建立档案数字化外包项目管理档案，记录档案部门和数字化服务机构实施档案数字化外包项目的全过程。

7. 建立监管机制　各级国家档案馆和立档单位应建立监管机制，对数字化服务机构的保密、安全措施落实情况进行监督、检查，防止档案实体受损、丢失，杜绝数字化服务机构擅自复制、留存、使用档案信息的行为。

（二）数字化服务机构的安全资质

在档案的数字化工作中，数字化服务机构必须满足如下资质条件要求。

1. 数字化服务机构必须具有工商管理部门核发的有效营业执照，业务范围必须包括档案数字化加工或数据处理类项目。

2. 数字化服务机构的法人必须是在中华人民共和国境内注册的企业法人或事业单位法人，股东及工作人员必须为中华人民共和国境内公民，国家另有规定的除外。

3. 数字化服务机构的工作人员必须提供本人身份证明和公安部门提供的无犯罪记录证明，必要时提供政审材料。

4. 数字化服务机构必须与其工作人员签订符合国家劳动法律法规要求的劳动合同。

5. 数字化服务机构的人员数量与素质、技术与管理水平、设施与设备状况能够满足拟承担项目的要求。

6. 数字化服务机构必须制定并执行数字化安全保密制度，制定并执行档案实体交接、数字化加工过程管理、数字化成果验收与交接、存储介质管理、档案实体保护等操作规范和管理制度。

7. 数字化服务机构应建立安全岗位责任制，配备专人负责安全保密工作。

8. 数字化服务机构应对工作人员进行安全保密教育和必要的上岗培训，并与工作人员签订保密协议，明确规定工作人员不得阅读、摘抄、外泄档案内容和其他安全保密责任、义务。安全保密协议应报送档案部门备案。

9. 数字化服务机构必须积极支持、配合档案行政管理部门的安全保密检查。

（三）数字化加工场所的安全管理

档案数字化加工场所一般应在档案馆或档案形成单位内部，并参照保密要害部位管理要求，实行全封闭管理，安装监控摄像和录像设备，全程摄录加工现场情况。档案部门和数字化服务机构应指定有关人员经常对数字化加工场所进行巡查，确保有关数字化加工和管理的各项规章制度和操作规范得到切实贯彻和执行。：

1. 数字化加工场所一般设在档案部门可封闭的独立建筑内。

2. 数字化加工场所应符合防盗、防火、防尘、防水、防潮、防高温、防日光及紫外线照射、防有害生物、防污染等安全管理要求。

3. 数字化加工场所应配备满足安全管理需要的视频监控设备，确保档案暂存处、数字化加工工位、服务器、数据导出端及门窗等无监控死角；视频监控系统应由档案部门专人负责。视频监控数据自产生之日起保存不少于 6 个月；档案部门应定期对视频监控数据进行回放检查，在删除视频监控数据之前，要留存视频回放安全检查记录。

数字化加工场所设于档案部门之外的，档案部门应定期检查视频监控系统。数字化服务机构应将视频监控数据移交档案部门保存。

4. 数字化加工场所应配备符合国家标准并满足工作需要的档案装

具，用于分别存放待数字化处理和已数字化处理的档案。

5. 数字化加工场所须封断所有档案数字化加工设备的无线网络功能，并定期进行相关检测。

6. 数字化工作人员存放随身物品要有专用储物箱柜，并与档案装具分区放置；数字化加工场所不得有非工作需要的私人物品，包括照相机、摄像机、手机、录音机、笔记本电脑、平板电脑等各类电子设备和各类移动存储介质；严禁擅自将数字化加工场所内的物品带离现场。

7. 工作人员要挂牌上岗，接受身份核查登记和安全检查，严禁无关人员进入数字化加工场所。数字化工作人员不得在数字化加工场所内从事与数字化无关的活动，严禁在数字化加工区内喝水、进食、吸烟等，严禁携带火种进入数字化加工场所。

（四）档案数字化加工设备、网络环境与数据载体的安全管理

1. 档案数字化加工设备

（1）一般情况下，在档案数字化加工过程中建议使用档案部门提供的相关设备，使用数字化服务机构设备的，档案部门应当对其进行必要的安全检查。

（2）档案数字化加工使用的计算机、扫描仪等设备，必须采用技术手段或专业物理设备封闭所有不必要的信息输出装置或端口，如 USB接口、红外线、蓝牙、SCSI 接口、光驱接口等，对封闭的装置或端口要定期进行检查。

（3）在档案数字化加工过程中，推荐使用国产设备并使用正版软件。数字安全与网络临近软硬件必须使用通过国家安全认证的国产品牌产品。除必要的操作系统、杀毒软件、加工软件和第三方安全管理软件外，档案数字化加工计算机不允许安装任何与加工无关的软件。

2. 网络环境管理 档案数字化加工网络要与其他网络物理隔离，禁止使用无线网卡、无线键盘、无线鼠标等设备。在档案数字化加工网络环境中，应配备具有权限管理、设备管理、端口管理、日志管理和安全审计等功能的数字化加工安全保护系统，准确记录授权用户的访问行为、设备接入和电子档案信息流向等信息。

档案数字化加工系统应具备流程定义、任务分配、过程跟踪、质量检测、成品制作、数据验收、数据备份管理等功能，并分别设置管理员、保密员、审计员，实行"三员分离"。

3. 数据载体（介质）管理 在档案数字化加工过程中，一般由档案部门提供计算机等设备的硬盘、移动存储介质，以及无法确保数据可靠清除的设备，并逐一检查、登记。数字化工作完成后，这些设备应交还档案部门统一保管或销毁，严禁擅自带走。用于档案数字化加工的设备和存储介质严禁与其他设备和存储介质交叉使用，非数字化专用的设备和存储介质严禁带入数字化加工场所。

在档案数字化过程中使用的移动存储介质和刻录设备应由档案部门指定专人保管，并对使用情况进行记录。档案数字化成果的拷贝和刻录应相对集中。档案部门应指定专人负责移动存储介质数量的清点，数字化服务机构完成拷贝或刻录的数据介质（包括损坏的数据介质）应及时交接给档案部门指定的人员，并办理交接手续。

档案数字化设备和存储介质不得擅自送外维修，必须送外维修的应办理书面审批手续，并由档案部门人员现场监督。

处理尚未开放档案的信息设备的管理和使用应符合国家有关秘密载体管理和使用的相关规定。

（五）数字化工作中的档案实体的安全管理

1. 国家档案馆和立档单位档案部门应承担的档案实体安全管理责任。

（1）检查、鉴别、登记和标示。档案部门要对拟数字化的档案进行涉密性、完整性、有序性及档案实体与目录的一致性检查。涉密档案要予以筛除，档案实体破损、残缺的要进行登记与处理，档案实体与文件目录不对应的要进行必要的记录或标示。

（2）档案部门人员应按照工作计划分批调档，并与数字化服务机构的档案接收人员一道清点、核对档案实体的内容、数量、状况，双方确认准确无误后填写档案交接清单，式两份。档案交接清单要注明交接档案的内容、数量、状况、交接时间和经办人等。

2. 数字化服务机构应承担的档案实体管理责任

（1）不得损毁档案。出现档案损毁时，数字化服务机构需按有关规定接受处罚，并进行修复和登记。需要拆装档案时，应尽可能地保持档案原貌。

（2）在档案数字化过程中要建立档案流程单，流程单包括档号、加工工序、设备编号、数量、经手人、加工时间等。在数字化加工过程中，档案流程单应与档案实体同步流转。

（3）在档案数字化过程中发现有涉密标识且无解密标识的档案，数字化服务机构应停止对该档案的数字化加工，在登记目录后立即将档案移交档案部门。

（4）正在进行数字化加工的档案必须每天入库（柜），不得在加工工位上留存过夜。

（5）数字化档案要专人专柜保管，数字化加工完毕的档案要及时归还入库。对于离库时间较长或有虫霉隐患的档案，应进行消毒杀虫处理。

（六）档案数字化成果移交接收与设备处理的安全管理

档案数字化任务完成后，档案部门应组织专业人员按照有关规范的要求，对向档案部门移交的数字化加工介质（如存储介质、移动介质、备份介质等）、加工监控视频回放安全检查记录、档案实体出入库交接记录、加工人员变更记录等进行安全保密专项验收；凡未开展安全保密专项验收或验收不合格的，不得对项目进行总体验收。

档案数字化成果必须通过真实性、完整性、可用性和安全性检测，检测合格后双方办理数据交接手续。

档案数字化任务完成后，数字化服务机构应会同档案部门拆除其自带加工设备中的硬盘等存储介质，并将其与在数字化过程中使用过的其他移动存储介质一起移交给档案部门，并办理相关移交手续。

档案数字化任务完成后，档案部门必须组织专业人员对数字化服务机构所用的设备进行检查，以确保其设备中无信息留存。凡存有信息的，必须做清除信息的安全处理。

第九节 档案数字化工作的优势及作用

一、医院档案数字化建设的优势

　　医院档案的数字化是一项极具价值的工作，它既能大幅减少了医院的运营成本，又能为患者提供极大的便利。电子医疗档案，即数字化的医学档案拥有诸多显著的优点。结合笔者多年的档案管理实践，将对数字化医学档案的优点进行探讨。

　　1. 有效地减少了人力资源浪费　过去的医学档案管理人员需要奔波于各个部门，搜集住院患者的档案，并将它们进行分类和归档，整个过程消耗了大量的资源。尽管有些医院让科室之间自行交接档案，但仍然需要对档案进行分类。然而，在当今的信息化时代，这个问题已经得到了有效的解决。每个科室的医生都会将患者的档案上传至数据库，医院的档案管理人员会对其进行审核，并使用医院的档案管理软件进行存档。这个过程节省了大量的人力和物力资源。

　　2. 方便患者利用　电子医疗档案的出现对患者来说无疑是一大福祉。患者不再需要排队等候领取档案。现在，患者只需携带自己的身份证件前往医院的档案室，就能迅速找到并打印出自己的档案。此外，为了让患者的医疗费用更加透明，一些医院还提供了数码医疗档案服务机，患者只需插入自己的身份证，就能打印出用药费用清单和相关医嘱，让患者的经济状况一目了然。

　　3. 减少医疗档案的疏漏　传统的档案管理过程既烦琐又容易出错，例如重复记录或漏记。由于档案管理人员的工作量巨大，一旦出现错误，往往不能被及时发现和纠正。这种情况不仅给医院和患者带来了挑战，严重时甚至影响到患者的医疗费用。相比之下，现在的数字化医疗

第四章　中医医院档案电子化管理

档案系统则有效地避免了这些问题。数字化档案通常是一个综合性的文档，由各科室的医生为每位患者单独创建，记录了患者的整个治疗和用药历史。档案管理人员只需保存这些电子档案，无须像处理纸质档案那样一页页翻找，从而避免了纸张脱落或遗失的风险。

二、档案数字化管理在医院档案管理中的作用

医院档案作为医院的宝贵财富，在医院的各个方面发挥着至关重要的作用，具体体现在以下几个方面。

1. 提高档案管理效率　通过电子化处理和存储大量的医院档案信息，数字化管理可以极大地简化档案检索、传递和共享流程。以往纸质档案的烦琐工作流程，如翻阅、查找和复印等，现在可以通过电子界面快速搜索和获取所需档案信息。数字化管理使得档案信息的获取更加便捷的同时，还减少了人力资源的浪费，提高了工作效率。这种管理方式尤其适用于医院这样的大型机构，需要处理大量档案信息的情况。

2. 加强档案数据安全　数字化管理可以设立权限限制，只有授权人员才能访问和修改档案信息。这种权限控制机制可以有效减少档案被非授权人员盗窃、破坏或丢失的风险。此外，数字化档案还可以实行多重备份和实时备份，进一步保障了档案信息的安全可靠性。在数据安全日益重要的今天，这种管理方式增强了医院档案的安全性。

3. 空间和成本节约　数字化档案不再需要大量的物理空间实行存储，解决了纸质档案占地面积大的问题。数字化档案管理还简化了档案管理流程，减少了打印和复印等传统纸质档案管理所需的耗材成本。这些优势使得医院可以将更多的资源和资金用于提高医疗质量和医疗服务，从而实现更好的经济效益和社会效益。

4. 改善医疗质量和管理　数字化档案提供了详尽、准确的患者病历和治疗记录，为医疗机构实行质量评估和医疗事故调查提供了重要依据。通过对档案中的数据展开统计和分析，医疗机构可以及时发现问题，提高医疗服务质量，并为科学决策提供依据。此外，数字化档案管理还有助于医疗机构实现信息共享和协同工作，提高整体的管理水平和效率。

中医医院档案管理实践

总的来说，档案数字化管理在医院档案管理中具有重要作用，可以提高档案管理效率、加强数据安全、节约空间和成本、改善医疗质量和管理，不仅是医院档案管理现代化、信息化发展的必然趋势，还是医疗机构实现科学决策和精细化管理的必要手段。

第十节　档案数字化存在的问题及对策

一、档案数字化管理在医院档案管理中存在的问题

　　1. 高成本投入　数字化档案管理在医院档案管理中的实施需要一定的资金投入，包括购买和维护专用的硬件设备设施、软件系统以及开展培训和技术支持。这些投入可能对医院的财务造成一定压力，尤其是对于小型医院来说。医院需要考虑数字化档案管理系统的成本，包括硬件设备设施、软件系统、数据存储以及网络安全等方面的费用。此外，医院还需要考虑人员培训和技术支持的费用，以确保数字化档案管理系统的正常运行和维护。这些投入对于医院来说可能需要长期的投入和持续的维护，因此，医院需要充分考虑这些因素，并做好相应的财务规划和预算。

　　2. 管理人员素质不高　人是档案事业发展的根本依靠，也是决定档案管理水平的第一位因素。目前，医院的档案数字化管理任务是由传统档案管理人员兼负，这部分人员只熟悉传统档案管理模式，而缺乏数字化管理知识和操作技能，无论在知识结构、业务能力、解决处理问题能力等方面都不同程度存在或多或少的欠缺，未能适应档案数字化管理业务的开展，影响数字化档案管理工作的实施与开展。

　　3. 缺乏统一的管理制度　在实际操作中，由于医院各部门之间缺

135

乏良好的沟通和协作，常常导致档案资料重复或者利用率较低的现象，对医院档案的稳定性产生一定的影响，并可能导致医院档案数据被泄露，最终对档案的安全性能造成严重的影响。不同医院或部门之间可能使用不同的数字档案系统和数据格式，也会导致档案的共享和整合存在一定的困难。

4. 数据安全和隐私保护问题　医院档案管理存在一些数据安全与隐私保护问题，可能会影响患者信息的安全和隐私。医院档案管理中，患者信息通常包含在档案中，如果档案管理系统存在安全漏洞或未经授权的访问，患者信息可能被泄露，对患者造成严重后果。一些医院档案管理系统可能没有实施数据加密，可能会导致患者信息在传输过程中被截获。此外，病毒或恶意软件等也可能会攻击档案管理系统，导致数据损坏或丢失。

二、医院档案数字化管理的有效对策

1. 加大资金投入　医院档案数字化管理的资金投入是确保数字化档案系统高效、安全运行的基础。医院需要在预算中合理规划并适当增加对数字化档案管理的资金投入，以推进数字化档案管理的发展，提高工作效率和信息安全性。首先，硬件设备设施升级是数字化档案管理的基础，医院需要投资购买高性能的服务器、存储设备和计算机等，以支持大规模档案数据的存储和处理。同时，医院还需要定期对硬件设备设施实行维护和更新，确保系统的稳定性和正常运行；其次，软件系统采购和维护也是数字化档案管理所必需的。医院需要选择适合自己需求的档案管理系统，包括购买相应的授权、订阅服务或合作开发等。同时，医院需投入资金对系统实施全面维护，包括更新版本、修复漏洞、保持与相关系统的兼容性等，以确保档案管理系统始终处于一个高效、安全的状态。此外，培训和技术支持也是非常必要的。医院应投入资金为档案管理人员提供培训课程，使其掌握数字化档案管理的技术和操作方法。同时，医院需要与软件供应商建立良好的合作关系，确保及时获得技术支持和维修服务，以便在出现问题时能及时响应和解决；最后，建立风险预防机制也需要资金投入。医院需要投入资金来购买高效的防火墙、安全软件和监控系统，以保护档案系统的安全。此外，还需定期开展安全检测和评估，投入资金来改进和加固系统的安全性，防止黑客入侵和信息被泄露等风险。

2. 全面提高档案管理人员素质 提升医院档案数字化管理人员的素质是非常重要的，因为他们是数字化档案管理系统的主要使用者和管理者，其素质直接影响数字化档案管理的质量和效率。医院可以定期组织数字化档案管理培训，包括内部培训、外部培训和在线培训等形式。培训内容可以包括数字化档案管理的理论知识、操作技巧、数据安全和隐私保护等方面。通过不断提升知识和技能，管理人员可以适应新技术的发展和应用，提高数字化档案管理的质量和效率。还可以选择具有良好口碑和行业影响力的数字化档案管理系统，并通过培训和指导来帮助管理人员熟练使用系统。医院在招聘数字化档案管理人员时，可以注重候选人的专业背景和经验。拥有数字化档案管理或相关领域经验的人员可以更快地适应数字化档案管理工作，并提供专业知识和技能。此外，医院还可以通过组织面试或测试来评估候选人的数字化档案管理能力。医院可以建立激励机制，鼓励管理人员学习和提高自己的技能。例如，医院可以提供培训费用补贴或奖励，给予晋升机会或增加薪酬等激励措施，以激发管理人员的学习热情并提高他们的专业素质，不仅能够引导管理人员持续自我提升，还增加了其数字化档案管理中的积极性和主动性。医院可以通过引入先进的管理理念和技术，提升数字化档案管理团队的素质，为医院提供更专业、安全和高效的数字化档案管理服务，进而提高医院整体的信息化水平和服务质量。

3. 建立统一的医院档案数字化管理制度 通过统一的数字化档案管理规章制度，规定各部门在数字化档案管理中的职责和权限，明确各个岗位的责任界定、分工以及数字化档案的收集、整理、存储、传输和使用等方面的操作流程，确保数据的有效交流和利用。医院应制定统一的数据标准和格式，包括电子档案的存储格式、数据交换格式和数据接入标准等。另外，制定数据共享策略，及时与医院信息有效对接，并实现信息资源共享。明确哪些档案数据可以共享，包括但不限于患者信息、医疗记录、诊断信息、治疗方案等。确定共享给哪些部门或人员，如其他科室、医院、科研机构以及患者家属等。医院应根据自身需求选择合适的档案管理系统，确保系统能够满足数字化档案管理的各种需求，如数据存储、检索、备份、权限管理等。医院还应建立重要的档案管理体系，根据国家的发展政策，并针对现代医院在市场的发展情况，建立具备个性化、稳定的档案管理体系，并做到责任到人，使医院档案管理者能够重视档案管理，并积极开展医院档案数字化管理。

4. 加强数据安全与隐私保护管理　医院需要制定严格的安全管理制度，规范档案的收集、存储、传输和使用。包括制定数据收集和存储的规范、设定数据传输和使用权限、定期审查和更新管理制度、建立应急响应机制等。医院应选择具有安全认证和可靠技术的档案管理系统，确保系统的安全性，对于敏感数据采用加密技术处理，包括对数据在传输过程中的加密、解密以及在存储时的加密存储，加密技术可以有效防止未经授权的访问，确保数据的安全性和保密性。医院将根据数据的重要性和敏感性选择适当的加密算法，并定期实行密钥更新，以确保加密持续有效。医院还应对档案管理系统实施严格的访问控制机制。首先，系统将根据用户角色和权限实行身份验证，确保只有授权人员能够访问和操作数据。其次，访问控制机制还包括审计跟踪和日志记录，以便于跟踪和调查任何可能的不当访问行为。最后，采用多层次的安全策略，如基于角色的访问控制、数据分类和标记等，以确保数据的安全性。为了确保数据的安全性和完整性，还应对数据定期备份，备份数据将存储在安全的数据中心或云存储服务中，以防止数据丢失或损坏。备份周期将根据数据的敏感性和重要程度来确定，并定期测试以确保备份的可用性和恢复能力。医院还应考虑使用灾难恢复策略，以便在发生意外事件时能够迅速恢复数据，减少损失。通过以上措施，医院可以加强对档案数字化管理的数据安全与隐私保护管理，确保患者信息的安全和隐私。

档案数字化管理在医院档案管理的应用已经成为发展趋势，数字化档案管理方式不仅能够提升医院档案管理人员的专业水平，还能够提升工作效率，确保档案信息的完整性，节省了档案信息的查询时间，加强了对数据安全的保护，改善了医疗质量和管理。在数字化档案管理的应用下，工作人员的管理水平以及综合素质也得到了全面提升，对促进医院在市场的竞争力具有一定的重要性。数字化有效实行是一个漫长的过程，需要所有人员共同努力。所以，应加大对医院档案数字化管理的资金投入，全面提高档案管理人员的综合素质，建立统一的医院档案数字化管理制度，加强数据安全与隐私保护管理，提高医院档案管理的工作效率。

中医医院档案管理实践

第五章　中医医院档案检索管理

第一节　档案检索概述

一、档案检索概念

我国的《档案工作基本术语》（DA/T1—2000）对检索的术语定义是"存储和查找档案信息的过程"。美国档案工作协会的在线《档案与记录术语汇编》（A Glossary of Ar-chival and Records Terminology），把"检索"概念解释为"在存储中查找材料或信息并将其提供使用的过程"。

一般来说，档案检索是对档案信息进行系统存储并根据需要进行查找的过程。档案检索是开展档案信息服务的必要条件和开发档案信息资源的重要手段。档案检索可以有广义和狭义两种解释。广义的档案检索包括存储与查找两个过程。狭义的档案检索就是查找档案中有用数据和信息的过程。因此，就整体而言，档案检索的全过程由档案信息存储和查找两个部分构成。存储是指把档案中具有检索意义的属性和特征揭示出来，加以组织，形成检索工具或档案信息数据库的过程；查找是指利用档案检索工具或数据库，找到用户所需档案数据、信息的过程。存储是查找的前提，查找是存储的目的。

在实践中，人们更习惯于从狭义的信息检索角度来理解档案检索的概念，即将档案检索理解为利用检索工具或检索系统从所存储的档案信息集合中快速有效地获取所需信息或信息线索的过程。在一般的信息管理理论中，广义的信息检索包括信息组织和信息查找两个过程或两个流程。受这种思想的影响，档案界的多数人也持有与之相同的看法，只是在更多情况下把"信息组织"称为"档案信息存储"而已。但是，应当注意到，档案检索除了具备一般信息检索的功能和特性外，还有一种较为重要的功能表现，即在档案检索体系中，馆藏性档案检索工具所起到的登记、统计、审计、监督等作用。其实，不仅馆藏性的档案检索工具有这种特殊的作用，其他按照档案著录规则编制或建立的检索工具、检索系统，还具有记录和反映档案的来源、所属全宗、所属档案分类体系之间历史有机联系特征的作用。档案检索的这些特点，是由档案资源本身的形成规律和特点决定的，也是档案检索有别于其他信息检索、文献检索的突出特点。因此，那种认为档案检索就是信息检索的观点是有失偏颇的。

二、档案检索的主要内容

1. 档案检索的存储工作的主要内容

（1）著录和标引：著录是对档案的来源、全宗、类别、管理史、内容和形式特征进行分析、选择和记录的过程；标引主要是根据档案记录和反映的职能活动主题内容，赋予其规范化检索标识的过程。

（2）组织检索工具：即对著录和标引后形成的条目进行系统排列，组成各种检索工具，或输入档案信息管理系统，建立档案目录数据库的过程。

2. 档案检索的查检工作的主要内容

（1）确定检查内容：即对用户的检索需求进行分析，明确用户需求主题的过程。

（2）检查操作：即档案人员或用户利用档案目录、索引、指南或档案信息检索系统，从中找到与所需主题相匹配的信息线索或档案数据、信息的过程。

三、档案检索的类型

(一)从存储和查检的内容角度

1. 全文检索 这种检索是以档案文件或其组合体的全文、摘要等为对象的档案检索活动。例如,利用者为了进行历史研究、科学研究、编写参考资料等,需要大量的档案文件作为参考和支撑,为满足这些利用需求,就需要档案部门开展相应的全文检索服务。

2. 数据检索 档案数据库中存储了大量的业务活动数据、专业性数据、科技数据、自然现象的观测观察及分析性数据、各种统计数据等,这些数据资源常常是决策者、研究者、设计者、市场分析者、数据分析工程师等用户经常需要检索和访问的对象。为此,档案部门应利用相应的档案信息检索系统,满足此类用户对数据查询、数据分析的利用需求。

3. 事实检索 档案资源的检索信息集合中,包含了大量的反映人类活动事件、项目、案件等方面的著录信息线索(如时间、地点、人物、事件过程、事件结果等)和相关的元数据。这些信息可以有效地满足相关档案用户对历史事件的事实性数据查询的需要。

高级的事实检索要求档案检索系统不仅可以从事实数据集合中检查出已存入的档案数据或事实,还可以从已知的档案数据或事实中推演出新的数据或事实。事实检索是档案资源信息检索中最复杂的一种。它要求档案信息系统中的数据和事实最好以自然语言的方式被存储;不仅要将档案内容中的各种数据、事实单元存入检索系统,还要将各单元之间的语义关系、句法关系及相关的背景信息等存入检索系统;利用者可以用自然语言提问,检索系统也可以用自然语言回答利用者的提问。所以,具备事实检索功能的档案资源信息检索系统应有一定的逻辑推理和理解自然语言的功能。

可见,事实检索是一个相当复杂的过程,目前通常还需要依靠人工来完成。具体做法是:首先利用档案检索工具、工具书、数据库或其他途径查出相关的原始档案数据、事实或档案文件的信息线索，然后进行比较分析，筛选过滤，最后才将得到的事实数据提供给利用者。

随着信息社会的进步和发展，数字档案资源和电子档案资源在整个档案资源中所占的比重越来越高，尤其是电子政务、电子商务、物联网的发展，极大地改变了人们保存和利用信息资源的理念和做法。档案资源的检索对象越来越数字化，档案检索的类型也出现了新的变化。文本检索、图像检索、声音检索、图片检索等都已成为现代档案资源信息检索的重要组成部分。

（二）从检索系统中档案信息的组织方式角度

1. 全文检索　是依托全文数据库而进行的一种档案检索类型。档案全文数据库是将一个完整的信息源的全部内容转化为计算机可以识别、处理的信息单元而形成的数据集合，它具有对全文数据进行词、字、段落等更深层次的编辑加工的功能。

档案全文数据库的特点是：①档案全文数据库包含的信息基本上是未经信息加工的原始文本，具有良好的客观性。②档案全文数据库的信息检索可对文中任何内容及其位置关系进行检查。③以自然语言检索档案文件。④档案数据具有相对稳定性。⑤数据库中的档案数据结构具有非结构性。

档案全文检索系统的实现技术，主要包括：①档案数据准备：即对计划加载到全文数据库中的档案数据进行预处理，并组织专门人员录入建库。②文本预处理：包括规范格式，当格式多种多样时，应加以整理，使档案文件的格式规范化。③数据加载：数据准备好以后，便可以加载到数据库文件中去了。加载数据可用单件方式或批量方式。单件方式一次加载一份，适用于平时对档案文件的随时加载。批量方式一次加载多份，适用于集中大量加载的情况。④数据检索：数据库建立起来之后，利用者便可根据全文检索系统提供的检索功能对数据库进行检索了。⑤数据维护：在全文数据库建立以后，档案部门需要经常对数据库的内容进行索引、更新、追加和清理。

2. 多媒体检索　是一种基于内容的图像（视频）的检索，是通过提取图像（视频）的颜色、纹理、形状和运动等视觉特征来表征图像

（视频）内容所蕴含的语义，进而实现查询与管理图像（视频）数据的检索目标。多媒体检索一般指多媒体分类检索。

由于多媒体本质上是由文本、视频和音频等多种媒质交互融合而成的，它们之间存在或多或少的语义关联，一种媒质和另外一种媒质可以表示同一语义，媒质之间可以相互索引。其中，音频中蕴含了大量的语义信息，基于内容的音频检索受到越来越多的关注，其主要思想是通过提取音频流中的时域（频域）特征来描述音频内容。

基于内容的视频检索、音频检索和基于视觉、听觉感知特征相似度比较的检索，对多媒体内容的描述都是基于其所蕴含的语义信息来实现的。目前，语义概念模型主要包括：①高级语义，是对不同时空的若干多媒体事件高度抽象概念化的结果，它需要探讨人脑的思维机制。②中级语义，是对高级语义中涉及的人、事件的分别描述，不涉及几个事件的交叉。③低级语义，是利用视觉、听觉信息对多媒体数据进行初步分类，如音乐、语音等。档案部门及相关信息管理部门可以通过对多媒体数据进行语义标注，实现多媒体档案的结构化，从而有效组织多媒体数据流，为多媒体档案资源的检索提供方便。

3. 超媒体检索　超媒体即"超级媒体"。超媒体是一种采用非线性网状结构对块状多媒体信息（包括文本、图象、视频等）进行组织和管理的技术。超媒体在本质上和超文本是一样的，只不过超媒体技术在诞生的初期所管理的对象是纯文本，所以被叫作超文本。随着多媒体检索技术的兴起和发展，超媒体检索技术的管理对象从纯文本扩展到了多媒体。

（三）从档案检索的实现方式角度

从档案检索的实现方式角度来划分，档案检索包括线下检索和线上网络检索两种类型。从今后的发展趋势看，线上网络检索，尤其是移动网络检索，将成为档案利用者检索和利用档案资源的主要方式。

从历史上看，档案资源的信息检索经历了从手工检索、计算机辅助检索到网络化、智能化检索等多个发展阶段。档案资源的信息检索的对象从相对封闭、稳定一致、由独立数据库集中管理的档案资源的信息内容扩展到开放、动态、更新快、分布广泛、管理松散的网络内容；档案资源的信息检索的利用者也由原来的档案专业人员扩展到包括公务员、企业人员、教师学生等在内的人群。利用者对档案资源的信息检索从结果到方式都提出了更高的要求。适应网络化、智能化以及个性化的需要，是目前档案资源的信息检索技术发展的新趋势。

（四）从档案检索的匹配方式角度

1. 精确检索 又称精确搜索，即精确匹配检索，是指检索词与资源库中某一字段完全相同的检索方式。精确匹配是指只有整个字段与检索词相同才匹配。精确检索是指将输入的检索词作为固定词组进行检索。

2. 模糊检索 即同义词检索，是指档案信息检索系统自动按照利用者输入关键词的同义词进行模糊检索，从而获得更多检索结果。同义词应由档案信息检索系统的管理界面配置。如当配置了"档案"与"archival record"为同义词后，在检索"档案"时，包含"archival record"的结果也会出现在检索列表中。模糊检索的同义词是利用者通过档案信息检索系统中的"同义词典"来配置的。利用者在检索界面中输入同义词中的任一检索词时，只要选中"模糊检索"复选框，则该关键词的所有同义词信息线索及相关文档也都会被查检出来。

3. 跨档案门类检索 又称跨库检索，是指档案信息检索系统自动按照利用者输入的检索词，在不同的档案数据库（包括目录库、全文库、专题库等资源库）中进行检索，为利用者提供更多检索结果的匹配检索方式。这种检索可以极大地提高档案资源利用者所需档案信息的查全率。

4. 筛选检索 又称筛选搜索，是档案资源数据检索流程中的一个重要阶段。数据检索包括数据排序和数据筛选两项操作。①数据排序：在查看数据时，往往需要按照实际需要，把数据按一定的顺序排列展示出来，这个过程被称为数据排序。②数据筛选：是指根据给定的条件，从排序表中查找满足条件的记录并且显示出来，不满足条件的记录会被隐藏起来，这些条件被称为筛选条件。

5. 截词检索 档案信息截词检索是预防漏检、提高档案信息查全率的一种常用检索技术。档案信息检索系统应具备提供截词检索的功能。所谓截词，是指在档案检索词的合适位置进行截断，然后使用截词符进行处理，这样既可减少输入的字符数目，又可达到较高的查全率。截词检索一般采用后截断，部分支持中截断，能够帮助提高检索的查全率。

四、档案检索效率和检索策略

（一）档案检索效率

档案检索效率，主要是指查找所需档案信息、数据的全面、准确程度，即查全率和查准率。衡量档案检索效率的指标有查全率、查准率、漏检率、误检率、检索速度。这五个评价指标的具体含义和计算方法如下。

1. 查全率　档案查全率，是指从档案资源数据库内检出的相关的信息量与总量的比例。查全率的绝对值很难计算，只能根据档案资源数据库内容、数量来进行估算。它可用下式表示：查全率＝（检出的相关文档数据量÷数据库内相关文档数据总量）×100%。

2. 查准率　档案查准率是衡量某一检索系统的信号噪声比的一种指标，是指检出的相关档案数据（档案信息线索）与检出的全部数据（档案信息线索）的百分比。它可用下式表示：查准率＝（检出的相关文档数据量÷检出的文档数据总量）×100%。

3. 漏检率　档案漏检率即漏检比例或漏检概率，是与查全率相对应的概念。它是指未检出的相关文档数据量与文献库中该种相关文档数据总量之比。它可用下式表示：漏检率＝（未检出的相关文档数据量÷数据库内相关文档数据总量）×100%。

4. 误检率　档案误检率是指检出的不相关文档数据量与检出的文档数据总量之比。它可用下式表示：误检率＝（检出的不相关文档数据量÷检出的文档数据总量）×100%。

5. 检索速度　档案检索速度是指利用者检索相关档案信息时的系统响应时间长短。检索在计算机的应用中无所不在。检索速度是衡量一种检索技术最重要的指标之一。检索速度主要受检索算法和硬件影响。

影响档案检索效率的因素是多种多样的，具体来说包括如下因素。

（1）造成档案查全率低的因素主要包括：档案资源库收录数据不全；档案索引词汇缺乏控制和专指性；档案词表结构不完整；词间关系模糊或不正确；标引不详；档案标引前后不一致；档案标引人员遗漏了档案文件的重要概念或用词不当；检索策略过于简单；档案查检的选词和进行逻辑组配不当；档案检索途径和方法太少；档案检索人员业务不熟练；档案信息检索系统不具备截词功能和反馈功能；档案检索时不能全面地描述检索要求等。

（2）造成档案查准率低的因素主要有包括：索引词不能准确描述档案主题和档案检索要求；档案标引的组配规则不严密；选词及词间关系不正确；标引过于详尽；组配错误；档案检索时所用检索词（或检索表达式）的专指度不够，档案检索面宽于检索要求；档案信息检索系统不具备逻辑"非"功能和反馈功能；检索表达式中允许容纳的词数量有限；截词部位不当；检索表达式中使用逻辑"或"不当等。

在信息网络环境下，档案利用者提高档案信息检索效率的主要途径有：选择响应速度快、界面友好的检索系统；选择档案数据库容量大、检索结果准确度高的检索系统；选择合适的上网时间，避开上网高峰；使用恰当的检索词；使用高级检索；利用网络导航；多使用布尔逻辑检索等。

（二）档案检索策略

档案检索策略，就是在分析检索提问的基础上，确定检索的数据库、检索用词，并明确检索词之间的逻辑关系和查找步骤的计划安排。所谓"检索表达式"是指检索用词与各运算符组配成的算式。

在网络信息环境下，档案资源利用者可通过确定检索系统、选择检索途径、选择检索词、在检索过程中调整检索方案等方法，提高网络信息的检索效率。

档案信息检索过程中的首要环节，就是明确利用需求。模糊的档案利用需求不能形成良好的检索效果。由于档案利用者对自己的需求，特别是潜在的、模糊的需求表达并不明确，因此需要对这些需求进行分析，才能得到一个完整而明确的需求表达。档案部门在对档案利用者的

中医医院档案管理实践

需求分析中，通常应澄清如下问题。

1. 分析档案信息利用者的检索目的　例如，科研人员在开始某一项科学研究或承接某项工程设计时，通常需要对与任务相关的档案资源信息进行全面的普查，并从中筛选出所需的信息材料，用以编写可行性报告、计划任务书等。对这类需求，档案部门应选择一个收录相关专业的档案信息较为丰富的数据库，在全面回溯检索的基础上，选出相关的档案目录信息线索，再获取档案全文数据信息。再如，对那些为解决某个技术难题，想查找关键性的技术档案信息的用户，档案部门应为其选工程和技术类档案数据库或专有信息数据库。又如，对那些为制定某项决策而需要查找有关档案信息的利用者，档案部门应根据决策的不同性质，进行综合性的全面档案信息调研，并为利用者提供涉及产品、市场、科研、技术发展等方面最新动态的档案信息服务。

2. 主题分析　在明确档案利用者的检索需求后，档案部门就要对利用者需求的具体内容做主题分析，这是正确选用检索词和逻辑算符的关键步骤。它将决定检索策略的质量并影响检索效果。主题分析就是对利用者的需求进行主题概念的分析，并用一定的概念词来表达这些主题内容，同时明确概念与概念之间的逻辑关系。

（1）需求概念的表达要确切：抓住需求的实质性内容，分析出需求中有几个概念组面。

（2）找出核心需求的概念因素，排除掉无关概念因素：对意义不大的概念和重复概念，应加以排除。事实上，过多过严的概念组配很可能导致大量的漏检，甚至使检索结果为零。因此有时需要简化逻辑关系，减少概念的限定词，以提高检索效果。

（3）找出隐含的概念：档案数据库的标引往往使用比较专指的词，而用户对标引规则又不甚了解，往往会列出比较抽象的概念，而忽略了较专指的概念。

（4）明确概念之间的逻辑（"与""或""非"）关系：弄清什么概念可用于扩大检索范围，什么概念可作为进一步缩小检索范围的用词。

第二节　档案检索语言

一、档案检索语言概述

　　档案检索语言是一种与自然语言相对的，根据档案资源检索需要而创制的人工语言。其功能是规范地表达档案的主题概念和检索主题概念，建立档案检索工具或计算机档案信息检索系统。

　　档案检索语言由词汇和语法组成。它通常具有三个构成要素：一组系统的文字或符号，用来构成检索词汇要素，如分类号、主题词、档号等；具有一定量的词汇，基本上可以表达档案信息中所包含的主题概念；一套明确的语法规则，用以满足档案检索系统多样化的检索需求。

　　档案检索语言的种类包括三种：档案分类检索语言、档案主题检索语言和档号检索语言（亦称馆藏法检索语言）。

　　档案检索语言的主要特点是：①可以简明、专指地表达档案及检索需求的主题概念；②词语与概念一一对应；③可以明确显示出概念之间的相互关系，便于对概念进行系统排列；④方便检索时对档案标引用语进行相符性比较；⑤对人类活动的职能、事务、事件等概念的明确表达，有助于利用者更好地理解和使用档案的信息内容。

　　档案检索语言的作用，概括起来说就是保证检索效率，提高查全率和查准率。它是档案信息存储和查检的桥梁，也是档案人员与档案利用者之间沟通和满足档案信息利用需求的桥梁。档案检索语言质量的高低直接影响着档案信息的检索效率。

二、《中国档案分类法》简介

《中国档案分类法》(以下简称《中档法》)是我国为建立统一、规范的档案分类检索方法，实现档案分类检索体系规范化，提高档案检索的效果，为全国和地方建立档案目录中心和进行分类标引提供的一部词典。《中档法》的第一版于 1987 年问世，经过其后的十年使用，又于1997 年出版了第二版。《中档法》在编制过程中，总的强调了思想性、科学性、逻辑性和实用性，也运用了系统工程的原理，特别是整体性、结构性、层次性、有序性、开放性的原理。

(一)《中档法》的编制原则

《中档法》是以国家机构及其他社会组织所从事的社会实践活动的职能分工为基础，结合档案记述内容和特点，分门别类组成的分类表。这个分类法的编制原则包括以下几方面。

1. 分类体系的确立、类目的设置和其序列的先后，都力求具有思想性、科学性、逻辑性、实用性，充分反映我国档案的特点，适应我国社会各项事业利用档案的需要。

2. 分类法的体系和基本类目的设置，以不同历史时期的国家机构、组织从事社会实践活动的职能分工为基础，紧密结合档案内容记述和反映的事物属性关系，采取从总到分、从一般到具体的逻辑体系。

3. 分类法在总体上具有概括性和包容性，能够容纳各个历史时期、各项社会实践活动所形成的各类档案，并力求保持基本类目的稳定性。分类法既能满足档案管理部门现存档案的内容信息分类的需要，又给今后的变化留下了充分的余地。

4. 分类法的类目名称和标记符号，力求准确、规范、简明、易懂、好记，便于人们掌握和使用。

(二)《中档法》的体例结构

1.《中档法》的宏观结构包括以下几方面。

（1）编制说明：包括《中档法》的编制目的、原则、体系结构、标记制度、适用范围，以及使用《中档法》应注意的问题等。

（2）分类表：《中档法》提供的分类表包括中华人民共和国档案分类表、新民主主义档案分类表、民国档案分类表和清代档案分类表。四个分类表中的每一个分类表，都由主表和辅助表组成。主表是分类法的主体，是分类体系的具体体现。辅助表是对主表类目进行复分的依据。

（3）附录：《中档法》的附录包括编委会名单、综合编审组名单，以及审定委员会的审定意见和后记等。

2.《中档法》的微观结构即四大分类表。

（1）中华人民共和国档案分类表包括主表和辅助表两大部分，主表共设置了 19 个基本大类。辅助表包括综合复分表、世界各国和地区表、中国行政区划表、中国民族表、科技档案复分表等。

（2）新民主主义档案分类表：由主表和综合复分表组成，主表中设置了 13 个基本大类。新民主主义档案分类表的综合复分表，列出了政策法规、会议、计划规划、报告总结、调查统计、出版物、历史、人物八个方面的类目，供主表各大类需要复分时使用。

3. 民国档案分类表　由主表和辅助表构成，主表中共设置了 16 个基本大类。为适应共性复分的需要，《中档法》特别编制了综合复分表、世界各国和地区表、民国时期行政区划表三个辅助表。

4. 清代档案分类表　由主表和辅助表构成，主表后面附有四个辅助表，即综合复分表、世界各国和地区表、清代行政区划表、中国民族表，供主表共性类目的复分。

中医医院档案管理实践

三、《中国档案主题词表》简介

（一）选词原则

《中国档案主题词表》（以下简称《中主表》）共收录主题词 27288 条，其中正式主题词 22759 条，非正式主题词 4529 条。在选词中遵循的原则如下。

1. 以马列主义、毛泽东思想为指导，坚持辩证唯物主义和历史唯物主义观点，力求思想性、科学性和实用性的统一。

2. 选用的主题词能够反映综合性档案馆、机关档案室收藏档案内容的主题概念，在标引和检索中具有使用价值和一定的使用频率。

3. 选用的主题词符合汉语的结构特点，词形简练、概念明确、词义单一。

（二）体例结构

《中主表》由主表、词族索引、范畴索引、首字笔画检字表和附表、附录组成。

1. 主表　主表的基本单元是主题词款目。主题词款目由款目主题词及其汉语拼音、范畴号、注释和词间关系项等内容构成。

2. 词族索引　词族索引是把主表中具有属分关系、包含关系和整体部分关系的正式主题词，按规定属分级别展开全显示的一种词族系统。这种索引在标引和检索中提供系统查词和选定标引词的辅助工具；在机检系统中是实现自动扩检、缩检、上位登录及满足族性检索的重要手段。

3. 范畴索引　它是将主表中的全部主题词按照既定的类目分类排列，以便按类查词的一种辅助工具。

4. 附表　即人名表和机构名表。

(三)《中主表》的使用方法

根据主题概念查找《中主表》，选词的方法如下。

1. 按汉语拼音音序、调序、字形笔画参照天头提示，从主表或附表中查找标引用的主题词，或按笔画笔顺从词目首字笔画检字表中检出主题词的首字，再按该字所在页码从主表中查找标引用的主题词。

2. 按分类类目从范畴索引中查找标引用的主题词，必要时再从主表中查阅该词的词间关系项，以选定更恰当的主题词。

3. 所选词在主表、附表或范畴索引中标明属非正式主题词者，应转换为正式主题词做标引词。

4. 在主表中查到的主题词，如果不能恰当反映档案文件主题，可参考该词的词间关系进行校正，也可按该词的范畴号或族首词在索引表中查找更恰当的词。

5. 从词族索引中查找属性相同的某一族词，从中选定最专指的主题词。必要时，再从主表中查阅该词的其他词间关系，以选定更恰当的主题词。

6. 在应用计算机进行标引、检索时，可利用计算机机读主题词表中的词族索引进行上位登录和自动扩检、缩检，以提高标引速度和检索效率。

第三节　档案的著录标引

一、档案著录的概念

档案界对档案著录概念的理解是："在编档案目录时，对档案内容和形式特征进行分析、选择和记录的过程。"我国的《档案工作基本术语》（DA/T1—2000）和《档案著录规则》（DA/T18—1999）中对这一概念的解释大体相同。这样的术语解释与《文献著录第1部分：总则》中对"文献著录"的解释是基本一致的，即"在编制文献目录时，按照一定规则，对文献的形式特征和内容特征进行分析、选择和记录的过程"。但档案界对档案著录概念的解释也存在一定的差异，如目前的多数教材对档案著录术语概念的定义中，并没有强调"按照一定规则"这一关键性的偏差。

《国际标准——档案著录规则（总则）》是由国际档案理事会档案著录标准化特别委员会制定，并由国际档案理事会于1994年正式颁布的，简称ISAD（G）。1999年，国际档案理事会档案著录标准化特别委员会对ISAD（G）第一版进行了修订，并于2000年正式颁布了第二版。IS-AD（G）的第二版对第一版的著录规则做了部分调整，并在其中增加了更多的档案著录实例。ISAD（G）是当今国际上被应用最广的国际标准，其采标率达到92％以上。ISAD（G）的主体部分（著录规则的主要内容），是由第一部分档案多级著录规则和第二部分档案各著录项规则两部分构成的。

ISAD（G）的制定，是建立在档案的来源原则、全宗原则和档案实体分类管理原则的基础之上的，体现了档案管理的特殊要求。ISAD（G）在档案著录中具有对其他档案著录标准制定的引领性，这一作用地位的确立是由该国际标准是其他国际档案著录标准制定的基础所决定的。如国际档案理事会颁布的《国际标准——团体、个人和家族档案规范记录著录规则》[简称ISAAR（CPF）]，就是以ISAD（G）为基础而制定的，而当今国际档案领域中档案著录的最佳实践——《档案置标著录》（简称EAD），更是以ISAD（G）为基础制定的。由此，现在以IS-AD（G）为中心，已形成了一个完整集成的档案著录标准体系，如国际档案职能著录标准、国际档案机构著录标准、档案背景信息的置标著录标准等。

我国目前的《档案著录规则》（DA/T18—1999）尽管取得了一定的实践应用效果，但同ISAD（G）相比，仍然有需要改进和完善之处，尤其是对多级著录规则的运用，更应多加注意。

档案著录是在编档案目录和建立档案信息检索系统时，按照档案管理的基本原则，依据一定规则，对档案的来源、内容和形式特征进行分析、选择和记录的过程。这个术语概念的基本含义如下。

1. 明确了档案著录的主要目标。开展档案著录的主要目标是建立方便档案管理和档案内容信息利用的档案目录和档案信息检索系统。

2. 明确了档案著录需要遵循的基本思想和行为准则。档案著录是档案业务工作的一项重要内容，肩负着维护档案的来源、全宗等方面历史联系的使命，所以它不仅仅是为档案用户提供检索利用档案资源的服务的。通过有效地著录档案的各数据项，它也可以为档案用户深刻地理解档案的内容、系统客观地总结历史经验、呈清历史事实、发现业务活动的规律和发展趋势等，提供可靠、真实的历史信息线索。

3. 明确了档案著录应按一定规则进行的基本要求。编制较为理想的档案著录规则可以通过制定必要的行业统一标准来实现。为了实现档案资源体系、利用体系和安全体系的整体建设目标，统一的标准引领是必不可少的。目前我国在开展档案著录活动中，虽然有《档案著录规则》（DA/T18—1999）等行业标准，但是由于其制定的时间较早，针对的又主要是以纸质档案为对象的手工著录，所以在标准引领方面还需加强。在建设档案信息检索系统的实践中，各有关省份出台了档案目录数据交换格式等地方性推荐标准，起到了弥补国家层面的相关标准不足的作用，即使这样，依然存在着一些要求和规则不够统一的问题，这对构建全国档案目录中心或档案数据中心来说，是不利的。所以，应当在采标方面，积极向 ISAD（G）靠拢，并组织人力加速进行《档案著录规则》（DA/T18—1999）等标准的修订和完善工作，并将多极著录的规则作为档案著录的规则纳入标准的规范性要求之中。

4. 著录不能仅局限在对档案的内容和形式特征的分析、选择和记录的层面，还应对著录的档案对象所属的全宗、来源特征及分类结果等信息线索进行分析、选择和准确记录。

二、档案标引的概念和作用

从一定意义上说，标引是档案著录的一项内容。在档案著录过程中，著录人员依据一定的规则，根据对档案的来源、内容、形式特征及管理史的分析和选择，赋予档案统一检索标识的过程，就是档案标引。其中，按

中医医院档案管理实践

规则赋予档案规范化的分类号的过程，就是档案的分类标引；按规则赋予档案规范化的主题词或关键词标识的过程，就是档案的主题标引。

目前，档案的标引工作可按照档案分类标引规则和主题标引规则及相关实施细则等标准规范文件的要求，利用主题转换工具，对所选择确定的档案主题进行标引。

档案分类标引规则和主题标引规则主要包括：《档案分类标引规则》（GB/T15418—2009）、《档案主题标引规则》（DA/T19—1999）、《民国档案分类标引细则》（DA/T20.3—1999）、《军队档案分类标引规则》（GJB4339—2002）、《革命历史档案资料分类标引规则》（DA/T17.4—1995）、《革命历史档案资料主题标引规则》（DA/T17.3—1995）、《民国档案主题标引细则》（DA/T20.2—1999）及相关主管部门发布和实施的档案分类、主题标引细则。

档案标引过程中所采用的主题转换工具包括《中档法》（第二版）、《中主表》等。

档案标引的主要作用是通过为档案用户提供规范化的档案检索标识，有效地提高档案检索效率，使档案检索的主要评价指标，如查全率、查准率等得到有效保证和提升。鉴于档案的数量巨大、标引的难度较高等特点，本书推荐对具有长久保存价值的档案进行标引，而对于只有定期保存价值的档案，可以根据实际需要，有的放矢地确定标引的对象范围。

三、档案标引的步骤

档案标引一般可以分两个步骤来进行。

（一）主题分析

主题分析是确定被标引档案内容主题概念的过程。档案的内容主题主要有：职能主题、业务活动主题、事件主题、人物主题、项目主题、任务主题等。档案主题分析的工作内容一般包括两个方面：一是分析档案内容的主题类型；二是分析主题的构成因素。档案内容的主题类型又可以划分为单主题和多主题。单主题是指一份档案文件、一个档案文件组合、一个案卷、一个终端档案类别等只表达了一个问题，讲了一个"故事"；多主题是指一份档案文件、一个档案文件组合、一个案卷、一个终端档案类别等表达了两个以上的问题，讲了多个"故事"。

档案的内容主题因素主要有五种。其中包括：①主体因素，它是反映档案主题内容的关键性概念；②通用因素，它是对主体因素起补充和限定作用的通用概念；③位置因素，它是档案内容所记述对象的空间和地理位置概念；④时间因素，它是档案所记述对象的存在时间概念；⑤档案文件类型因素，它是档案文件所属类型和形式方面的概念。在档案标引中，档案内容的主体因素是最重要的，是不可遗漏的标引对象（即必须通过规范的分类号、主题词或关键词予以表达的对象）；而其他主题因素，则可通过分析，选择有意义的予以标引。

档案的内容主题是通过对档案的内容构成、来源、形式特征的分析、筛选而得到的。内容构成特征是主要依据，来源特征是根本，形式特征是补充。在开展档案主题分析时，标引人员可通过了解立档单位的职能分工、任务安排、事件处理、项目计划等来源信息、背景信息，以及阅读档案文件的题名、案由、批注，浏览档案文件正文，检阅档案文件的外部特征等方式，认真细致地进行此项工作。

在组织安排上，建议由档案人员或熟悉业务的人员，按档案的分类方案进行分工作业，即两个人负责同一类别的档案主题分析工作。这样可以有效地提高工作效率，加快主题分析工作的进程。

（二）档案主题概念转换

所谓概念转换，就是利用档案标引工具（如《中档法》《中主表》）等，将分析所得的档案主题概念以检索语言的形式表达或标识出来。

档案分类标引概念转换的基本做法是：根据对档案主题分析的结果查找档案分类标引工具书，如《中档法》及其他专业档案分类法（表），将用自然语言或书目语言表达出来的档案主题概念，转换为分类号并赋予档案分类标引对象。档案主题标引概念转换的基本做法是：根据档案主题分析的结果查找规范化的档案主题词转换工具书，如《中主表》及各相关专业的档案主题词表等，将用自然或书面语言表达出来的档案主题概念，转换为规范的主题词并赋予档案主题标引对象。如果采用自然

中医医院档案管理实践

语言中的关键词直接表达档案的主题概念，即为关键词标引。

　　对单主题的档案标引对象的概念转换，只要赋予其相应的一个分类号或一个（或若干个）主题词标引即可；对多主题的档案标引对象的概念转换，首先要将多主题分解为单主题，然后再分别赋予其相应的分类号或主题词。

第四节　档案检索体系和档案目录数据库的建设

一、档案检索体系

　　档案检索体系是由立档单位的档案部门或国家档案馆主导，根据利用者的检索需求，结合所存档案资源的实际情况建立的，可以满足各需求方对档案及其内容数据、信息查询和管理需要的，功能完备的信息服务系统。档案检索体系通常包括设计合理、功能上相互配合的各种档案检索工具、数据库和相应的数据库管理系统（DBMS）及信息查询服务平台。它所体现的是档案管理主体、档案用户、档案资源和档案检索系统之间的相互作用关系。建设科学的档案检索体系，不仅可以为档案资源的完整与安全维护提供必要的管控工具和手段，而且可以为广大档案用户创造利用和开发档案资源的有利条件。

（一）档案检索体系的建设原则和概念模型

　　1. 建设原则　各立档单位的档案部门和国家档案馆在建设档案检索体系的过程中，应遵循如下三项基本原则。

（1）规范性原则：档案检索体系的建设应严格遵从国家及行业性标准和规范的要求，为档案资源的有效查找和管理服务奠定基础。

（2）适用性原则：档案检索体系的建设应充分考虑本单位及相关用户的信息检索需求，以为用户提供快捷、满意的档案资源检索服务为目标。

（3）可扩展性原则：档案检索体系的建设应考虑档案资源数据库（目录数据库和全文数据库）建设对标准提出的更新、扩展和延伸的要求，为将来的技术发展提供框架和发展余地，并随着信息技术发展和相关国家标准、行业标准的不断完善而对档案检索体系进行充实和修订。

2. 概念模型 档案检索体系的建设是为立档单位和国家档案馆保存的档案资源的有效管理、合理控制和有效利用提供途径。

（二）档案检索工具的概念及作用

开展档案著录和标引的主要目的之一，就是为建立各种类型的档案检索工具，构建档案检索体系服务。

档案检索工具是用于存储、查找和报道档案信息的系统化文字描述工具，是目录、索引、指南等的统称。在档案管理中，档案检索工具具有交流和管理等方面的作用。

（三）档案检索工具的种类

无论是手工档案检索工具还是电子档案检索工具，按其编制体例，都可以被分为如下三种类型。

（1）目录：它是将档案的著录条目按照一定次序编排而成的检索工具。

（2）索引：它是将档案中的某一内部或外部特征及其出处按一定次序编排而成的检索工具。索引和目录没有严格的界限，一般说来，目录条目是对档案内容和形式特征进行全面、系统的著录，著录项目比较完整；索引条目则比较简单，通常只有排检项（如档案涉及的类名、人名、地名等）及其出处（档号）两个项目。

（3）指南：它是以文章叙述的方式综合介绍档案情况的检索工具。

中医医院档案管理实践

1. 档案检索工具按其载体形式分类如下。

（1）书本式检索工具：它是将著录条目连续记录并装订成册的检索工具。

（2）卡片式检索工具：它是将一个条目著录于一张卡片，将卡片按一定顺序排列而成的检索工具。其主要优点是具有较大的灵活性，便于增减条目和调整条目之间的顺序，耐翻检，等等。其主要缺点是卡片数量多、体积大，不便于管理、传递和交流。

（3）缩微式检索工具：它是以缩微摄影方式制作的以胶片为载体的检索工具，手工检索时可使用缩微阅读器对其进行放大阅读，也可将其用于计算机检索。

（4）机读式检索工具：它是将档案目录等按照一定格式输入计算机内，由计算机读取、管理、检索的档案目录信息。

2. 档案检索工具按其按功能分类如下。

（1）馆藏性检索工具：它是反映档案实体整理体系及其排列顺序的检索工具，如案卷目录、全引目录、归档文件目录等。其主要功能是固定和反映档案整理顺序，档案管理人员可借勘它了解馆藏情况，并按照整理顺序查找档案。其缺点是，目录组织方式受档案整理顺序的限制，检索途径单一，检索深度较浅。

（2）查找性检索工具：上述馆藏性检索工具当然都具有查找性，它们一般是在整理程序中"自然"形成的。这里所说的查找性检索工具，是指专门为各种查找而编制的，不受档案实本排列顺序的限制，以档案的某一内容或形式特征提供检索途径的检索工具，如分类目录、主题目录、专题目录等。其主要优点是：建立多种检索标识，提供多途径检索；不受档案整理顺序的限制，可以打破全宗、案卷等实体单元的界限进行检索；可以选择任意的检索深度。

（3）介绍性检索工具：它是介绍和报道档案内容及其有关情况的检索工具，如各种指南。其主要功能是，全面概括地介绍档案情况，客观评述档案价值，发挥宣传报道作用，向利用者提供一定的档案线索。但是由于它并不能系统地记录档案的检索标识和建立排检项，因此一般不能被直接用于查找。

二、档案目录数据库管理系统

数据库管理系统（DBMS）是管理数据库的系统软件，它将大量的结构化数据按照一定的数据模型组织、存储起来，并提供建立、操作、维护档案目录数据的命令和方法。

（一）档案目录数据库管理系统的性能要求

考虑到档案目录数据管理向档案全文数据管理的延伸，所选的数据库管理系统应当符合以下要求。

1. 安全性能高　数据库管理系统应具有完备的安全技术措施，能有效控制对数据的各种操作，诊断并拒绝非法数据请求；具有抗干扰和抗故障能力、较强的数据容错和数据恢复能力，不会因某条记录的错误而导致数据库被破坏，也不会因用户的误操作而轻易死机；具有较强的抗病毒和抗黑客侵袭能力。

2. 具有良好的开放性　数据库管理系统应能够运行于多种操作系统平台和硬件环境；具有很好的向后兼容性；提供有效的开发工具，可以通过标准接口与其他应用软件相连，以便与其他信息系统集成或与外部数据库建立灵活的交互关系。

3. 数据处理能力强　数据库管理系统的选择要充分考虑用户所需的数据容量，能够高效地管理所存储的海量档案数据，提供可选的、有效的文件存储结构和存储数据的有效路径，保证系统有较好的性能。

4. 操作简便　系统管理员、档案管理人员和档案用户均能很方便地操作。当然，要做到这一点，除了合理选择数据库管理平台外，还要基于这一平台开发出界面友好、检索方便的档案管理应用系统。

5. 支持多用户共享　此处的共享有两层含义：一是多个用户共享同一份档案数据，不同用户享受不同的权限，因此要求数据库管理系统在提供信息共享时能够实施良好的分级安全控制；二是多用户可能同时存取同一档案数据，因此要求数据库管理系统具有良好的多用户并发控制机制，保证数据操作的合理性。

中医医院档案管理实践

6. 具有高性价比和适用性 档案部门要从档案数据库的现有规模和发展需要出发，充分比较不同品牌数据库管理系统及同品牌数据库管理系统产品不同版本和不同购置方式的性价比，在此基础上确定合理的版本及购置方式。在比较性价比时要重视不同产品售后服务的质量。

总之，适合于档案目录数据库管理的数据库管理系统应具有开放性、分布性和集成性。在具体选择时，要立足实际，在上述要求和购置价格之间进行权衡，不能片面地追求全、高、新。

（二）档案目录数据库管理系统的选择

一般来说，馆藏量较丰富的国家档案馆或大型企事业单位的档案馆，可以优先考虑 SQL Server。作为主流产品，其品牌信誉和市场支持程度较高，在兼容性和售后服务方面比较优秀。

Oracle、DB2 这些大型数据库产品虽然系统性能和安全性更好，但价格过高，对操作人员的要求也偏高，更适合高端的商业性应用，对一般档案机构来说软硬件配置费用过高。当然，有条件的国家档案馆或大型企业集团档案馆也可以考虑选用这些数据库管理系统。

库藏量不大的档案馆或综合档案室，考虑到今后的可扩充性，在条件允许的情况下可选择用中型的数据库管理系统，如 SQL Server、Sybase 等，以保证档案的安全性。

普通档案室档案数据量少，一般仅对本单位内部提供服务，对网上查询和网络安全的要求较低，可以选择 Access 或 VFP。Access 的网络性能比 VFP 好一些，要在网上提供档案目录查询的档案室最好使用 Access。这两种数据库管理系统的优点是价格便宜、操作简单，普通用户适当培训即可使用；缺点是安全性和网络功能较差。

购置数据库管理系统可采取两种办法：①选择一些基本软件包，保证应用系统的运行和数据库的辅助操作，然后在此基础上编程。②如不考虑经济因素，选择其全部软件包，然后根据自己的技术能力进行深层次开发。

第五章 中医医院档案检索管理

（三）档案目录数据库建设工作的组织实施

档案目录数据库建设工作量大，一个县级档案馆的文件级条目数量就达百万以上。立档单位和国家档案馆可在保证档案安全的前提下，引入市场力量，组织实施档案目录数据库建设工作。具体措施如下。

1. 引入市场化运作机制　将档案目录数据的录入工作外包给专门从事数据处理的公司，或者聘用数据录入人员专职从事该项工作。在引入外部力量时，必须注意引入模式，并进行合理分工。例如，通过招投标方式来选择合作公司，通过签约来明确技术要求和双方的权利、责任。在合作过程中，档案部门要科学地分解任务，采取"两头在内、中间在外"的分工模式，印前处理工作和质量验收工作由档案部门负责，而著录数据的录入工作主要依靠外部力量来完成。动用社会力量建库，必须对参与者进行严格的专项培训并保证馆藏档案的安全。

2. 分解任务，馆、室共建　档案馆对于新移交的文件，可通过行政命令规定移交单位在移交档案的同时，必须提交按规范格式制作的机读档案目录。

中医医院档案管理实践

参 考 文 献

［1］ 张稚鲲，李文林．信息检索与利用（中医院校用第3版）［M］．南京：南京大学出版社，2019.

［2］ 郭小艳，党传玲，胡常全．医院档案管理综合实务［M］．北京：科学技术文献出版社，2016.

［3］ 潘美恩，廖思兰，黄洁梅．医院档案管理与实务［M］．长春：吉林科学技术出版社，2022.

［4］ 高曙明，谭秀华，姜艳丽．现代医院管理与档案信息化建设［M］．北京：中国纺织出版社有限公司，2023.

［5］ 赵生让，孙建仁．信息检索与利用（第2版）［M］．西安：西安电子科技大学出版社，2019.

［6］ 高毅静．现代医院管理学与档案数字化［M］．上海：上海科学普及出版社，2023.

［7］ 李祎晗，刘维峰，李红艳，等．现代医院管理规范与档案管理［M］．哈尔滨：黑龙江科学技术出版社，2023.

［8］ 范文超，杨海平，燕楠，等．现代医院管理规范与档案管理［M］．长春：世界图书出版有限公司，2024.

［9］ 张蔚．现代医院文档管理［M］．西安：世界图书出版西安有限公司，2022.

［10］ 王英玮，陈智为，刘越男．档案管理学（第五版）［M］．北京：中国人民大学出版社，2021.

［11］ 陈兆祦，和宝荣，王英玮．档案管理学基础（第四版）［M］．北京：中国人民大学出版社，2021.

［12］ 唐明瑶．档案管理（第三版）［M］．北京：科学出版社，2021.

［13］ 赵丽娟．中医医院管理学［M］．北京：中国中医药出版社，2010.

［14］ 陈伟，赵臻，陈达灿．中医医院信息化建设与管理［M］．北京：中国中医药出版社，2013.

［15］ 毛树松，王映辉，李宇明．中医医院信息化研究进展与新技术应用［M］．北京：中国中医药出版社，2013.

［16］ 靳清汉，朱志忠．医院信息化建设与精细化管理［M］．北京：人民卫生出版社，2014.

［17］ 张燕．现代化中医医院档案管理的重要性及工作思路［J］．办公室业务，2015，（05）：45.

［18］ 焦钧．新时期中医医院档案管理发展途径探析［J］．档案管理，2019，（06）：50.

［19］ 丁宏伟．中医医院档案管理工作的新思路和新发展［J］．才智，2013，（35）：358.

［20］ 王琰．中医医院档案文化建设与管理探索［J］．办公室业务，2019，（21）：

127+129.

[21] 段宝华．中医医院档案信息化管理现状及建设策略［J］．科学技术创新，2014，(27)：191.

[22] 刘涛．中医医院的档案管理与利用探讨［J］．办公室业务，2021，(19)：143-144.

[23] 张雅婷，仓沁蕾．中医医院管理信息基本数据集的构建［J］．中医药管理杂志，2024，32(2)：182-184.

[24] 刘蓉晖，牟作峰．中医医院图书档案与病案信息的综合开发利用［J］．中医药管理杂志，2019，27(21)：188-189.

[25] 邱彤．中医院档案信息化管理现状与对策［J］．档案管理，2014，(03)：83.

[26] 徐美琴．综合性中医医院档案管理应体现中医药文化［J］．健康与生物医药，2011，(20)：128.

[27] 范佳正．新医改大数据技术对医院档案管理的影响［J］．中国继续医学教育，2019，11(20)：65-67.

中医医院档案管理实践